成熟経済下における
日本金融のあり方

「豊かさ」を実感できる社会のために

前田拓生

大学教育出版

はじめに

　『銀行システムの仕組みと理論』を発刊したのが2008年1月なので、今から5年前になる。この間、政治的にも、経済的にも、社会的にも、歴史的に非常に稀な出来事が次々に起こった「5年」であった。

　政治的には安倍晋三首相が2007年9月に体調不良で退陣し、引き継いだ福田康夫内閣（2007年8月〜2008年8月）、および麻生太郎内閣（2008年9月〜2009年9月）もねじれ国会のため、それぞれ1年で倒れた。辟易した国民は、自民・公明両党による政権（自公政権）に対して「No」を突きつけ、2009年夏の衆議院議員総選挙で民主党を選び、政権交代が実現した。

　この政権交代については、自公政権に対する不信感も要因であったろうが、2008年9月に起こったリーマンショックの影響も大きいと考えられる。小泉純一郎内閣（2001年4月〜2005年10月）が行った規制緩和に加え、世界経済の追い風を受け、安倍氏退陣の前後ではまだ日本経済も景気浮上の期待があったものの、その後の政権では規制緩和等に関する方向性が国民の期待していたものとは違い、改革が後退しているような印象が強くなった時に、リーマンショックを受け、経済状態が一気に不況に逆戻りとなった。麻生政権はエコカー減税や家電エコポイン制度など、「消費の先食いに過ぎない」という批判もあるが、デフレーションの中、目先の消費を増やすという意味では効果のある政策を打ち出したことは評価に値する。しかし、現状を大きく変化させるようなものではなく、定額減税は単なるバラマキとしか思われず、他方で、政権交代で生まれるであろう民主党政権への期待から「一度政権を任せても良いか」という気持ちに押され、自公政権は倒れ、民主党政権が実現した。

　民主党政権については当初こそ高い支持率があったものの、鳩山由紀夫内閣（2009年9月〜2010年6月）の沖縄基地問題による失点は大きく、民主党の政策決定プロセスに対する不透明さも手伝って急速に支持を失うことになり、1年足らずで、菅直人内閣（2010年6月〜2011年9月）に引き継がれた。しかし、

その後行われた参議院議員通常選挙の際、菅民主党は消費税増税を訴えたことから惨敗し、厳しい政権運営を強いられることとなった。

そのような中、2011年3月に三陸沖を震源とするマグニチュード9.0の東日本大震災が発生し、東北地域を中心に大津波に襲われ、多くの人命が失われた。さらに東京電力福島第一原子力発電所も大津波に襲われ、その後、水素爆発などにより、原子力事故を引き起こす結果になった。この時の菅内閣の対応については、いろいろな評価があろうが、概ねネガティブな評価が多く、国会がねじれていることもあって、政権運営が難しくなり、野田佳彦内閣（2011年9月〜2012年12月）に引き継がれた。しかし、野田内閣になっても震災、原発問題等の対応が芳しくなく、一方で消費税増税には積極的であったこと、また、与党であるにもかかわらず、執行部に反対する議員の多くが離党するなど民主党のガバナンスが疑われたことから、2012年12月の総選挙で惨敗し、自民党が大勝したことで第2次安倍内閣（2012年12月〜）が誕生した。

このように政治的な混乱、世界的な金融危機、東日本大震災、および原発事故と、一つでも起これば大変な出来事なのに、それがこの5年間で次々と起こったことになる。2008年年初は、平成不況の出口も漸く見えたと感じていたにもかかわらず、現在に至っても未だにデフレーションのままであり、景気回復の芽も見えない状態になっている。

そこで「日本を取り戻す」ためには「デフレからの脱却が大切」と謳って政策を打ち出したのが、第2次安倍内閣である。とはいえ、デフレーションからの脱却は当然必要であるが、中央銀行がおカネを刷ればそれで日本経済が健全化するわけではなく、財政を考えれば政府債務を増やすのは問題である。また、金融の仕組みは社会的なインフラであり、実際に経済を動かすのは、実物経済主体であることから、金融システム、資金循環ルートを云々すれば経済が活性化するということなどあり得ない。今のままの金融の仕組みの中で、量的緩和によって大量に銀行に流動性をもたせても、（景気が好転した／するなどの）一定の条件を満たさない限り、銀行は危険資産である貸出を増やすことはなく、理論的に期待されるようなポートフォリオ・リバランス効果は生まれないことから「デフレの解消」にはつながらないのである。

では、「どうするのか」といっても、正解が準備されているわけではないが、本書では、『銀行システムの仕組みと理論』をベースとした基礎的な内容に加え、これからの日本に必要となるであろう、金融の仕組み、オルタナティブな資金循環ルートについて考察することで、独自の解を提示したい。

具体的には下記のような構成となっている。

本書は大きく四部に分かれている。

第Ⅰ部（第1章および第2章）においては、銀行というものの成立と通貨の歴史を中心に考察を行っている。まず、貨幣の機能について分析することによって、貨幣が即時的購買力を持つことを明らかにした。その上で、異時点間取引である金融取引の分析を行い、金融資産はその発行者によって将来時点での購買力を保証されているものの、現時点では即時的な購買力を持たないことから潜在的購買力の担い手であることをみた。しかし、潜在的購買力しか持たないはずのゴールドスミスたちの受取書が、市場に流通していくことよって、貨幣の代替物としての地位を築くようになる。そして、ゴールドスミスは自らの金庫に保有している金の数倍にも及ぶ貸出を行うゴールドスミス・バンカーへと発展し、貨幣の取扱業者（dealer in money）に過ぎない存在から、自らの発行する受取書を貸付に利用することによって、貨幣を創造する主体（つまり、現在の銀行）になっていく過程をみた。他方、ゴールドスミス・バンカーの行うのと同じ種類の業務をもっと大規模に行うつもりに過ぎなかったイングランド銀行が、中央銀行として発展し、その銀行券が通貨として発展していく状況を歴史的に考察し、その後、国際的な通貨制度について概観した。

第Ⅱ部（第3章および第4章）においては、金融ルートにおける分析と日本銀行による金融政策の仕組みを中心に考察した。まず、金融取引には「異時点間取引における問題点」が存在することになるが、証券会社や銀行といった金融機関の働きによって金融取引をスムーズにしていることをみた。中でも、銀行は預金という金融商品を持っていることによって、金融仲介機関であると同時に、おカネ、つまり通貨の供給者という役割を持っていることについて論じている。これは銀行が自らの発行する債務証書（負債）を通貨として流通させることができるということを意味するのであり、この機能によって、信用創造が可能

になるのである。このような基本的な概念をみた後、日本銀行による金融政策の仕組みを概観した。

その後、標準理論である貨幣乗数アプローチについて考察した後、マネービューでは考慮していなかった銀行行動について分析を行った。まず、貨幣需要について簡単に分析をしてから、貨幣の需給について考察し、金融政策の基本的な理論について概観した。次に、時系列的にハイパワードマネー（マネタリーベース）とマネーストックの実際の動きを確認し、バブル経済崩壊以降においてマネービューで想定しているような状態にないことを確かめ、その理由について考察した。ここでは、マネービューにおいて、特に景気後退局面のような場合には、銀行そのものが標準理論で想定されている行動をしない可能性があることから、金融緩和政策自体が有効に機能しない可能性について論じている。

第Ⅲ部（第5章および第6章）においては、ここまでみてきた銀行の基本的な仕組みや理論を踏まえ、実際の日本の金融システムを時系列的に概観し、バブル経済崩壊以降の信用収縮等における金融危機の要因について考察を行うとともに、従来の日本型金融のままでは「豊かさの中での停滞」からは脱し得ないことを示す。まず、第二次世界大戦後の混乱した日本経済を建て直すために、金融システムを銀行中心のシステムにしたことを概観し、その中で作られていった銀行業態間（都銀、地銀等、長信銀など）の機能分化について考察した。次に、その後の金融の自由化によって、この銀行業態間の機能分化が崩れていく中で土地担保融資が活発化していく過程を考察した。そこには銀行等の情報の非対称性問題に対する認識の甘さがあり、その後のバブル経済崩壊による金融システムの混乱の種があったことをみることになる。実際、バブル経済崩壊を受け、経済が混乱する中、巨額の不良債権が発生し、その対処を巡ってさらに混乱を深めた。特にこのような中、問題が先送りされたことが、事態を悪化させることにつながったが、その点についても簡単に分析を行っている。

続く第6章では、成熟経済においては「豊かさの中の停滞」が起き、貨幣そのものの性質から資金循環に大きな問題が起きる点について考察するとともに、日本の金融システムがBank- oriented-Systemsであることによる問題点について解説する。特に、経済成長を促すための主体である創業者等への資金がうま

く回らず、「豊かさの中の停滞」からは脱し得ないことを示し、オルタナティブな資金循環ルート（市場型間接金融など）が必要となることを中心に論じる。

　第Ⅳ部（第7章および第8章）においては、第6章で論じたオルタナティブな資金循環ルートを如何に実現させるかについて論じる。まず、市場型間接金融が日本で機能するためには、家計の流動性重視の金融資産構成が問題であり、それを改善させるための政策について論じる。ここで日本の家計の金融資産構成が流動性資産に偏っている点については、今までも多くの研究がなされているが、本書では日本の住宅市場との関係で考察を行った。つまり、日本では既存住宅市場が機能していないことから、住宅が資産として利活用できず、それを補うために流動性資産を過剰に保有している可能性が高い。したがって、日本の既存住宅市場が欧米並みに機能すれば、家計のリスク許容度が高まり、金融資産の多様化が進むことで、社会的な意味でのポートフォリオ・リバランス効果が生まれる点について考察する。とはいえ、それだけではどこからも資金提供を受けることができない（または、非常に高い金利を要求されてしまう）主体を放置することにもなるので、別の形の資金循環ルートとして、米国のCDFI（Community Development Financial Institution：地域開発金融機関）」を参考にした金融の仕組み（日本版CDFI）の創設を提案する。

　ところで、本書のテーマの一つでもある「中小企業金融」については原司郎先生（横浜市立大学名誉教授）より教え授かったものであり、現在も私の中心的な研究テーマになっている。原先生には大学院時代から現在に至るまで、長きにわたってご指導いただき、感謝の言葉もないが、本書の出版により先生の学恩に少しでも報いることができれば幸いである。また、茨城大学人文学部における「地域金融論」の講義では水戸信用金庫の皆さま、とりわけ塙由博理事長および地域活性支援部のスタッフの方々には多大なるご支援・ご助力をいただいている。この場を借りて厚く御礼を申し上げる。

　加えて、本書の既存住宅市場に関する研究は、(独) 科学技術振興機構（JST）社会技術研究開発事業「地域に根ざした脱温暖化・環境共生社会」研究開発領域　研究開発プロジェクト「快適な天然素材住宅の生活と脱温暖化を「森と街」の直接連携で実現する」プロジェクトの成果である。本プロジェクトメンバーで

ある、天然住宅の相根昭典代表、田中優共同代表、埼玉大学の外岡豊教授、名古屋大学の福島和彦教授、佐々木康寿教授、山崎真理子准教授、早稲田大学の高口洋人教授、工学院大学の中島裕輔准教授、認定NPO法人まちぽっとの奥田裕之氏、およびその他各大学でご協力いただいた先生方、学生の皆さん、天然住宅のスタッフの皆さんに対し、感謝の意を表したい。

さらに、本書の出版に際して、編集の労をとっていただいた（株）大学教育出版の佐藤守氏および安田愛氏に心から感謝を申し上げる。

最後に私事で恐縮であるが、改めて妻和美に感謝を述べたい。独立後、これまでの間、様々な困難に遭遇しても、私が学術研究を続けることを終始一貫して理解し、応援してくれた。また、私が研究および大学教育に専念できるよう、生活全般、健康管理に至るまで、ほぼすべてにおいて支えてもらい、常に励ましてくれた。彼女の温かい支援がなければ、本書は完成しなかったであろう。ここに記して感謝の気持ちを表したい。

2013年　新春

前田　拓生

成熟経済下における日本金融のあり方
―― 豊かさを実感できる社会のために ――

目　次

はじめに ………………………………………………………………… i

序　章　本当に必要な経済政策とは ………………………………… 1
　　1．日本の政府債務残高　1
　　2．ギリシャ問題は対岸の火事か　3
　　3．日本に必要な政策　7

第Ⅰ部　貨幣金融制度の基礎

第1章　「金融」とは ……………………………………………… 10
　　1．物々交換と「おカネ」　10
　　2．貨幣の機能　14
　　3．貨幣と金融資産　22

第2章　銀行の成立と通貨 ……………………………………… 28
　　1．ゴールドスミス・バンカー　28
　　2．通貨の歴史　32
　　3．各国通貨と為替レート　37

第Ⅱ部　金融政策における銀行の役割

第3章　金融取引と銀行 ………………………………………… 44
　　1．金融取引の問題点　44
　　2．金融ルートと金融機関　48
　　《コラム1：ポートフォリオ効果》　53
　　3．情報の非対称性と銀行　55
　　4．銀行の期間変換機能　62

第4章　金融政策と銀行 ………………………………………… 71
　　1．金融政策の基本的な仕組み　71
　　2．貨幣乗数アプローチ　81
　　《コラム2：債券の金利と価格との関係》　84
　　《コラム3：金利と物価》　87
　　3．銀行の自己資本　88
　　《コラム4：バランスシートの基礎知識》　94

第Ⅲ部　成熟経済における金融

第5章　日本の金融制度と不良債権問題 …………………………………… 100
  1．成長経済における金融制度　*100*
  2．バブルの発生とその後の混乱　*104*
  3．不良債権処理と公的資金注入　*107*
  《コラム5：デット・オーバーハング》　*108*
  《コラム6：金融再編とディスクロージャー》　*111*

第6章　日本型金融の問題点 ……………………………………………… 117
  1．日本の量的緩和時における資金循環　*117*
  2．成熟経済における資産形成　*125*
  3．日本の金融とイノベーション　*129*
  《コラム7：目利き能力》　*137*

第Ⅳ部　日本経済活性化のために

第7章　家計金融資産と住宅市場 ………………………………………… 146
  1．流動性割合が高い訳　*146*
  2．米国市場の現状と歴史的な背景　*159*
  3．日本の既存住宅市場を機能させるために　*166*

第8章　「豊かさ」を実感できる社会のために ………………………… 172
  1．政策的介入の必要性　*172*
  2．地域コミュニティにおける金融の制度的な位置づけ　*176*
  3．日本の地域コミュニティ金融のあり方　*181*

参考文献 ……………………………………………………………………… *183*

索　　引 ……………………………………………………………………… *189*

●図表一覧●

図序 – 1	日米独の株価指数	1
図序 – 2	円ドル・円ユーロの推移	2
図序 – 3	債務残高の国際比較（対GDP比）	3
図序 – 4	日本の人口動態（2010年）	4
図序 – 5	日本国際10年物の金利動向	5
図序 – 6	創業・開業の準備期間中の苦労	8
図1 – 1	金融取引におけるおカネの流れ	23
図2 – 1	ゴールドスミスの底溜り	31
図3 – 1	A氏とB氏の金融取引	45
図3 – 2	直接金融ルートと間接金融ルート	51
図3 – 3	銀行振替の方法	63
図3 – 4	支出・貯蓄資金の流れ	65
図3 – 5	銀行の底溜り	67
図4 – 1	M銀行貸付前における各主体の資金勘定	73
図4 – 2	勘定の説明	74
図4 – 3	銀行貸出の仕組み	74
図4 – 4	M銀行貸付後における各主体の勘定	75
図4 – 5	N銀行の貸付	75
図4 – 6	当初における各主体の資金勘定	77
図4 – 7	インターバンクにおける銀行間の融通	78
図4 – 8	買いオペ前の各主体の勘定	79
図4 – 9	買いオペの仕組み	79
図4 – 10	取引需要および予備的需要の関数	82
図4 – 11	投機的需要の関数	83
図4 – 12	貨幣需要関数	84
図4 – 13	貨幣需給の均衡	86
図4 – 14	マネーストックとマネタリーベースの推移（～1999年）	87
図4 – 15	マネーストックとマネタリーベースの推移（2000年～）	89
図4 – 16	銀行と家計の資金の流れ	90
図4 – 17	銀行と事業法人の資金の流れ	91
図4 – 18	銀行の資本	92
図4 – 19	バランスシートの仕組み	94
図4 – 20	損益の発生	95
図5 – 1	戦後の家計からの資金の流れ	103
図5 – 2	デット・オーバーハングの仕組み	108
図5 – 3	ジャパンプレミアムの推移	110
図5 – 4	金融再編の推移	112
図6 – 1	銀行等の各業態	118

図表一覧　xi

図6-2	シカゴCMEの円ポジションの推移	121
図6-3	米国の対外資産・負債状況および経常収支	123
図6-4	主要国・地域の資金の流れ（2007年第2四半期）	124
図6-5	日本と米国の証券市場の違い	131
図6-6	日米欧の家計金融資産	132
図6-7	リスク・リターンでみた金融機関の分布	137
図6-8	パブリック・バリューとプライベート・バリュー	138
図7-1	日米の金融資産・実物資産（1999年）	147
図7-2	日米の金融資産・実物資産（2003～2009年）	147
図7-3	米英のリバース・モーゲジ	148
図7-4	日米欧の住宅市場の比較	149
図7-5	米国の建築年別の既存住宅あり高	150
図7-6	日本の建築年別の既存住宅あり高	151
図7-7	米国の住宅価格（上物のみ）	153
図7-8	日本の住宅価格（築年別）	154
図7-9	日本住宅市場の悪いスパイラル	155
図7-10	地域別の住宅残存割合	156
図7-11	米国の築年別の相対価格（対新築価格）	159
図7-12	米国住宅の所有期間別の利回り	162
図7-13	米国の住宅市場の良いスパイラル	166
図8-1	債務残高の国際比較（対GDP比）	173
図8-2	地域コミュニティを加えた政策金融の対象分野	175
図8-3	CDFIの分類	178

表1-1	物々交換における相対価格表	14
表3-1	A銘柄とB銘柄の期待収益	54
表3-2	情報の非対称性の抑制	59
表5-1	貯蓄主体と投資主体の認識ギャップ	100
表5-2	不良債権関係年表	109
表5-3	リスク管理債権	113
表5-4	金融再生法開示債権	113
表6-1	米国の国際収支	123
表7-1	日米の既存住宅築後年数別の最近（10年間）の推移	151
表7-2	日本の住宅戸数と世帯数	152
表7-3	地域別1世帯当たり資産額（平成21年全国消費実態調査）	158
表7-4	米国の築年別住宅価格の推移	160
表7-5	米国の築経過年数別の所有期間利回りおよび標準偏差	161
表7-6	米国住宅の含み益	161
表7-7	米国の住宅コスト	162

序章
本当に必要な経済政策とは

1. 日本の政府債務残高

　2012年12月に第2次安倍晋三内閣が発足した。安倍自民党は総選挙中から「日本を取り戻す」を掲げ、「大胆な金融緩和」「機動的な財政出動」「民間投資を喚起する成長戦略」を「3本の矢」として経済政策を行うこと（いわゆる"アベノミクス"）を主張していた。市場では、総選挙中から自民党圧勝を予想し、このアベノミクスを期待して、株価が上昇し、円も安くなった。日本市場は安倍氏が言うように、リーマン・ショック前の状態に戻っておらず（図序-1およ

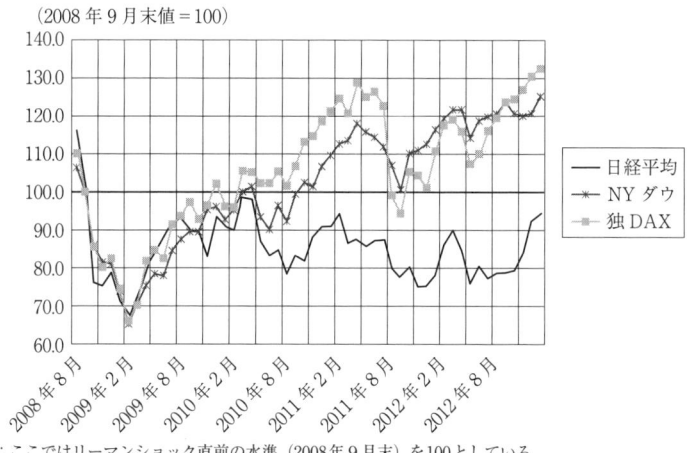

注：ここではリーマンショック直前の水準（2008年9月末）を100としている。
図序-1　日米独の株価指数
出所：Yahoo! ファイナンス、msnマネー

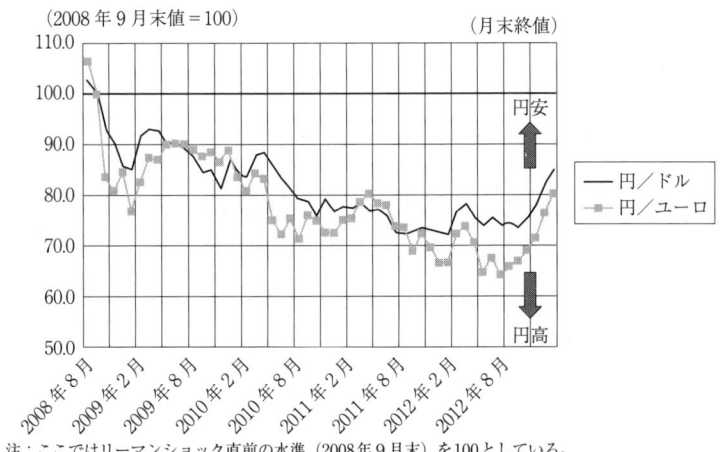

図序-2 円ドル・円ユーロの推移
出所：Yahoo! ファイナンス

び図序-2）、デフレーションも改善の目処さえ立っていない。このような中、市場に対して「期待」をもたらしたという意味で、発足（または発足前）から現在（2013年1月）までのところ、安倍内閣を評価することはできよう。

　しかし、この内閣は財政支出を増やす方向に舵を切ろうとしている。この点は懸念されるところである。日本は、図序-3のように他の国に比べて、際立って政府債務残高が多い状態にある。この状態で今後も政府債務を増加させていくのであれば、当然に民間レベルの資金循環にも影響を及ぼすことになろう。

　本書では、資金循環の中でも「民間の流れを（今後）どのようにすべきか」を主要なテーマにしていることから、政府債務残高がもたらす経済的な問題については取り立てて議論は行わない。とはいえ、政府債務は金利動向や通貨そのものに影響を及ぼす。また、政府債務を増やさない、つまり、政府支出を抑えながら経済を活性化させるためには、民間の多様な資金循環の流れが大切になる点を理解するためにも、日本の政府債務問題を取り上げることは有益である。そこでここ（序章）では政府債務の問題ついて簡単に考察する。

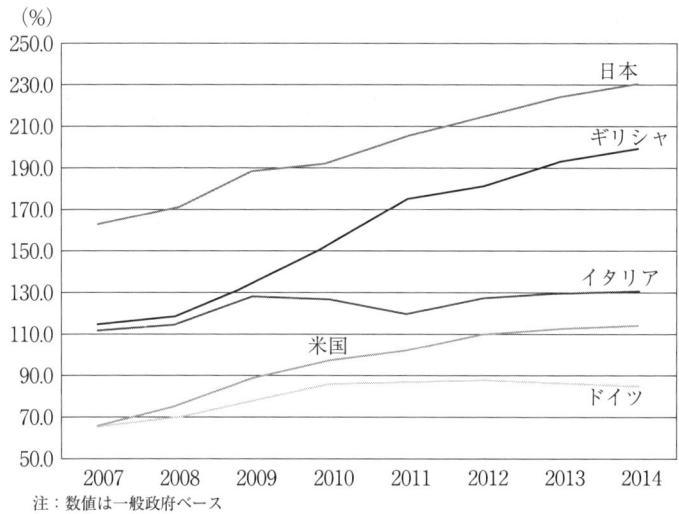

図序-3 債務残高の国際比較（対GDP比）
出所：OECD "Economic Outlook91"（2012年6月）

2．ギリシャ問題は対岸の火事か

「政府債務の問題」という意味では「ギリシャ危機[1]」が記憶に新しいが、実際にはギリシャよりも日本の方が対GDPでみた政府債務残高は多い（図序-3）。にもかかわらず、ギリシャは「対岸の火事」であり、「政府債務を増加させても問題がない」と考える向きもある。確かに表面上はいくつかの違いはあるが、本質は変わらず、政府債務を増加させ続ければ、経済的に大きな問題になり得るのである。

日本とギリシャには「違いがある」という場合、違いは以下の3つに集約されよう。

① ギリシャの政府債務は対外債務が多い（→日本は国内でファイナンスできている）

② ギリシャではすでに税金が高いから増税等が難しい（→日本の消費税は5％であり、所得税も含めて、増税余地がある）

③ ギリシャの通貨はユーロであり、政府には通貨発行権がない（→日本は

国内に通貨発行権を持つ日銀がある）

　まず、①のように政府が抱える債務の多くを海外で調達している場合、それを返済するには外貨が必要になるので、政府の外貨準備が「どれほどあるのか」がポイントになる。外貨準備が必要額を下回っている場合には、返済が滞る可能性が懸念されるため、サドンデスも含めた危機的な状態に陥る可能性がある。これがギリシャ問題である。

　他方、日本は現在、日本国内でファイナンスができているので「ギリシャとは違う」ことになる。とはいえ、現在、日本国内でファイナンスが問題なく行われているのは、家計の貯蓄残高の内、55％が預貯金で、30％弱が年金保険になっていることから、金融機関を通じて日本の国債が購入されているからである。もし、この流れが変質すれば、政府は海外からのファイナンスに頼るしか方法がない。

　日本の人口動態によれば、少子高齢化は今後さらに深刻化する（図序-4）ので、移民等を受け入れない限り、家計貯蓄残高は減少し続ける可能性が高く、今後も安定して国内でファイナンスができるとは限らない。しかも、もし、国内でファイナンスができない事態になれば、現状でも日本の政府債務残高は非常

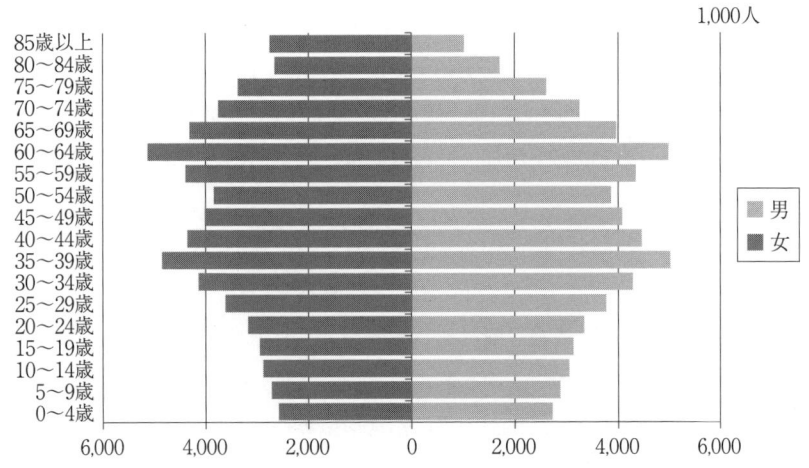

図序-4　日本の人口動態（2010年）
出所：総務省統計局統計調査部国勢統計課「国勢調査報告」

に高いことから、海外では高い金利を要求されるはずである。以上から、国内でファイナンスができなくなった途端に海外からのファイナンスも困難になり、"日本のギリシャ化"が現実化することになる。つまり、今は"違う"が、それは"今後も違う"とは言えないのである。

次に②の増税であるが、日本の場合、野田内閣が自公民の賛成によって「消費税増税を柱とする社会保障・税一体改革関連法」を成立させ、消費税率（現行5％）を2014年4月に8％、2015年10月に10％へと引き上げることが決まった。世界の投資家たちは「当然、実施するだろう」と思っている。なので、市場としても日本の財政問題に対しては楽観していて、日本国債の利回りも低金利を維持できていると推察される（図序-5）。

しかし消費税増税は実施するにしても、その資金で政府債務を縮小させるのではなく、公共投資等を行うことで政府債務自体は逆に膨らむという可能性もある。このような場合、いずれは増税をしなければならないが、その際、今回のようにすんなりと国会を通過させることができる保証はなく、深刻な事態に発展することも考えられる。その意味で②も現時点では「違い」ではあるものの、将来について"日本のギリシャ化"の可能性を否定するものではない。

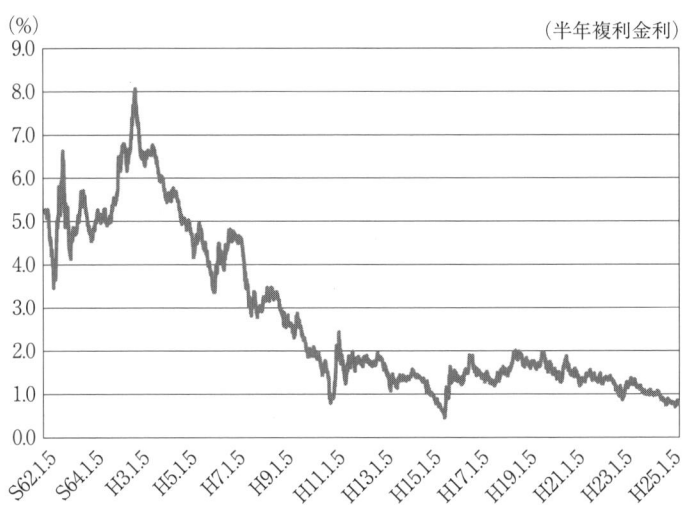

図序-5　日本国際10年物の金利動向
出所：財務省ホームページ内「国債金利情報ページ」

最後の③については「ユーロ」という通貨の問題である。ギリシャはユーロに加盟していることから、自国通貨であるユーロの通貨発行権はない。そのためにギリシャ危機が起こったのであれば、日本とは事情が違うことになる。しかし、ギリシャのように対外債務が多く、サドンデスの可能性があるような場合、仮に自国で通貨を発行できたとしても、自国通貨は極端に他の通貨に対して下落しているはずである。そうなると自国通貨をいくら刷ったとしても返済原資とはならず、増税や公務員の削減等ができない以上、破たんは避けられず、現在同様に、他国からつなぎ融資を受けるか、IMFなどに救済を求めることになっていたと考えられる。

では、①の問題は発生していなくて（政府の対外債務は少ないものの）、②の問題だけが発生した（ファイナンスの目処が立たない）場合にはどうなるだろうか。つまり、日本が国内でのファイナンスが難しくなり、増税についても国会での承認が取れず、政府債務をファイナンスできない場合、自国通貨を増発し、政府債務を中央銀行が引き受ければ問題は解決するのだろうか。結論から言えば「解決しない」であろう。そもそも日本でも通貨を発行することができるのは中央銀行たる日本銀行であり、政府ではない。したがって、通貨発行権が「ある／ない」というのは、そもそも何の関係もなく、日本銀行が引き受けを拒めば、ファイナンスはできない。とはいえ、法律を改正し、日本銀行が政府の言いなりになって「通貨発行権を濫用して、事を収める」となった場合にはどうだろうか。このような場合、「日本銀行が政府国債を購入し、日銀の資産とする」ので、「政府と日本銀行」は連結され、政府債務は日本銀行の通貨発行によってファイナンスされることになる。こうなると「通貨＝円」が、大量に市場にばら撒かれるわけだから、当然、円安が加速する。

しかし、日本には大量の対外純資産があるので「円安を心配する必要がない」という意見はどうだろうか。ここで間違ってはいけないのは、対外純資産はあくまでも民間の資産なので日本銀行が大量に円を発行すれば、市場メカニズムによって円は売られ、円安になる。そもそも対外純資産の多い国は「当該国通貨の為替変動リスクが低い」というだけであり、「対外純資産が多い」が「円が安くならない」とイコールではないのである。

以上のように、現時点の日本とギリシャの状況は「違う」が、それは将来においても担保されているわけではなく、むしろ、想定される将来の日本経済を考慮すれば、"日本のギリシャ化"が現実になる可能性の方が高いと思われる。

3．日本に必要な政策

　特に、アベノミクスと言われる政策では、公共投資を増加させ、それを「国債の増発」で賄うことを予定しているため、政府債務はさらに膨らむことになる。上述の通り、現状では国債の流通利回りが「レンジを超えた大変な局面に向かう」という兆候はみられないが、市場は生き物である以上、いつ牙をむくかはわからない。

　政府としては「日本銀行との連携」を強調することで、金融機関が安心して国債を購入できる環境を整えているが、「財政ファイナンス」に近いやり方は問題であり、たとえ金利が上昇しなくとも円安になることで、同様のデメリットをもたらすことになろう。円安自体は輸出企業に恩恵をもたらすものの、日本はエネルギーも食物も工場製品における原材料も、多くを輸入に依存している。特に、福島原発事故以来、エネルギーの輸入によって貿易赤字が膨らんできている。貿易赤字は対外純資産を減少させ、いっそう円に対するリスクを上昇させ、円安に拍車がかかりかねない。また、円安は輸入された要素生産品の単価を押し上げることから、景気を押し下げる可能性もある。このように一時的な景気浮上をはかるために、ここでさらに国債増発を伴う財政政策を行うことは、円に対するリスクプレミアムからの金利上昇、および悪い意味での円安を招くことにつながる。

　したがって今後の日本では、なるべく政府支出を抑えながら、民間投資を活性化させる政策を行うべきである。そのためにはイノベーションが有効であり、起業を促進させることが大切である。資金は家計に1500兆円もストックされている。にもかかわらず、図序-6からわかるように、創業を果たした経営者たちの多くが「開業資金の調達」に苦労している（創業を果たせなかった人々はそのために断念した可能性も否めない）。ここをうまくつなげれば、政府支出を抑

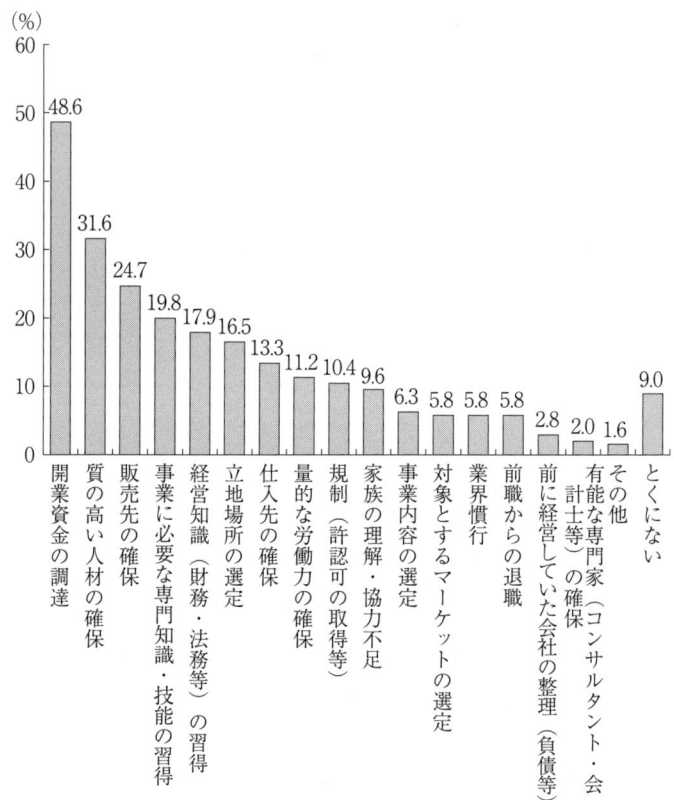

注：複数回答のため合計は100を超える。
図序-6[2)]　創業・開業の準備期間中の苦労
出所：株式会社日本アプライドリサーチ研究所「創業環境に関する実態調査」（2006年11月）

えて、経済を成長させることができるはずである。

では、なぜ、資金は流れないのか。この点についてはそもそも「おカネとは何か」を考える必要があることから、章を改めて議論する。

【注】

1）2009年10月にギリシャの財政赤字の隠匿が判明したことによって起こった一連の金融問題。
2）中小企業白書（2007）図1-2-17（資料出所：株式会社日本アプライドリサーチ研究所「創業環境に関する実態調査」）引用。

第Ⅰ部　貨幣金融制度の基礎

第1章 「金融」とは

1. 物々交換と「おカネ」

1 はじめに

「金融」とは「おカネに関係している」ということはわかるものの、改めて「金融とは何か？」と問われると答えに窮する人が多いのではないだろうか。そもそも「金融」という用語のうち「金」は「おカネ」であり、「融」は「融通する」という意味なので「おカネの融通」というのが「金融」の本来の意味ということになる。そして、ここで「融通」とは「貸借」という意味なので、「金融」とは「おカネの貸し借り」ということを示す用語ということになる。

では、「人々は、なぜ、おカネを貸し借りするのか？」「なぜ、おカネが欲しいのか？」と問われた場合、即答することができるであろうか。

「おカネ」や「貸し借り」という言葉は、いろいろな場面で遭遇するものの、それがあまりにも「一般的」であるため、深く考えずに使用している人は意外に多い。

そこで以下では、まず、「おカネ」とは「一体、何なのか？」ということを中心に考察し、そこから導かれる「貨幣の機能」についてみていくことにする。この点を明確にした後、「貸借」について考えていく。

2 「おカネ」＝「紙」

「おカネとは何か？」と問われれば、多くの人は単に「紙幣や硬貨のこと」と答えるはずである。これは正しい。しかし、正確には「おカネ＝貨幣」とすると日本では「紙幣」が「貨幣」であり、「硬貨」は「補助貨幣」ということになる。そこで「おカネ＝紙幣」とすると「紙幣とは何か？」を考える必要があろう。

つまり、紙幣は日常的に使用しているので、それを使用することに何の疑問も起こらないが、「なぜ、紙幣に価値があるのだろうか？」と考えた時、突然、疑問になるものである。

「紙幣」といわれるものをじっくり観察してみても「貨幣」を思わすような記述は見当たらない。そこには「日本銀行券」という文字と「円」で「どの程度の価値があるのか」を示す「数字」が記されているだけである。したがって、紙幣とは日本銀行が発行している「券」であり、「紙切れ」なのである。実際、この「紙切れ」を日本銀行に持ち込んでみても、「円」なる「価値」と交換してくれることはない。

以上から、一般に「おカネ」と信じられているものは、実際には「一般には理解されていない」ところに「価値の源泉」を持つものの、そのようなことを考えることのないままに、一般の人々は「普通に」使用しているのが、現状なのである。

3 物々交換社会における交換

(1) 物々交換社会

このように「おカネとは何か？」といっても、現実に「おカネ」が存在する社会においては、「それが一体何であるのか」ということを考えることが難しいものである。そこで「おカネの存在しない物々交換」の社会を想定して、その社会における取引を通じて、「おカネ」の果たしている機能を間接的に導いていくことにする。

ところが「物々交換社会」といっても、実際には遠い昔から「おカネ」というモノが存在していたようであり、純粋な形での「物々交換社会」というもの

を実際の歴史から考察することは難しい。そこで、ここでは「魚」「肉」「飲料水」「塩」のみが存在する社会を想定して、その社会での交換を考えていくことにする。

(2) 交換相手についての困難

社会の中に「魚」「肉」「飲料水」「塩」しかなく、また、「魚が獲れる地域」と「肉が獲れる地域」が異なり、さらに、「魚が獲れる地域」に住んでいる人々は「魚を獲るための技術」があり、「肉が獲れる地域」に住んでいる人々は「肉を獲るための技術」があるとする。ここで「魚が獲れる地域」の住人の一人（A氏）が「肉が食べたい」と思った場合、「肉を手に入れる」ためにはどうすればいいだろうか？

この社会には「おカネ」がないので「おカネと肉を交換する」ということはできない。

いろいろな方法があるだろうが、ここではA氏が自分で獲ってきた「魚」を手に「肉が獲れる地域」に行って、そこの住人が持っている「肉」と交換をしようと考えるものとする。しかし、「問題」がある。「肉が獲れる地域」であっても、すべての住人が「肉を持っているとは限らない」ということである。つまり、A氏が「肉の獲れる地域」で出会った住人が「肉を所有していない」という可能性があるということである。

このような可能性を考えると、A氏は「肉が獲れる地域」に入ったからといって、すぐに「魚と肉を交換できる」わけではないということが容易に理解できよう。つまり、A氏は「肉が獲れる地域」に入れば、まず、出会う人すべてに「肉を持っているか」否かについて尋ねる必要があるということになる。

どの程度、声をかければ「肉を持っている人と出会うことができるか」というのは、確率的な問題であり、多くの人に声をかければ、それだけ「出会う」可能性も高くなる。しかも、「肉が獲れる地域」に来ているのだから、統計的に確からしいと思われる程度に「声をかける」という行為を繰り返せば、「肉を持っている人」と出会うことは難しいことではない。

ところが、このように苦心して「出会った（肉を所有している）人」が「魚

と交換をしてもよい」と思うかどうかは"別の問題"である。

　以上より、モノとモノとを交換しようとした場合、まず、自分が欲しいと思っているモノを所有している人と出会う必要があり、しかも、その人（つまり、出会った人）が交換に同意して、初めて交渉が可能になるのである。

　ここで「肉を所有している人」または「肉を魚と交換してもよいと思っている人」のどちらかに「出会う」ということは、ともに「確率的な事柄」なので、どちらか一方であれば、「呼びかけ」を多く繰り返せば可能性があるといえる。しかし、2つとも同時に起こらないと交渉が可能とならないのだから、これらの確率は掛け合わす必要がある。例えば、10人に1人の確率で「肉を持っている人と出会う」として、10人に1人の確率で「肉と魚を交換してもよいと考えている」とすると、「魚」を持って行って「肉」と交換するための交渉ができる確率は「10分の1×10分の1」、すなわち「100分の1」ということになる[1]。

(3) 交換比率についての困難

　このように物々交換社会では、そもそも取引相手を見つけ出すこと自体が非常に難しいのではあるが、「取引相手が見つかった」からといって「取引ができる」とも限らない。なぜなら、交換するためにはさらに「交換比率」が必要になるからである。

　ここで注意すべきことは「交換比率」といっても、お互いの考えている「交換比率」というものは、当事者それぞれで違うのが普通であり、商品自体が2つしかない場合でさえ、当事者同士の主観が働けば、交換することができないこともあり得るということである。

　一般に、n種類の商品が存在すれば$n(n-1)/2$個の相対価格が存在することになる。ここの例では商品の数が4種類（「魚」「肉」「飲料水」「塩」）なので、6個（$4×(4-1)÷2=6$）の価格が存在することになる。

　例えば、A氏が図表1のような相対価格を持っていることを意味する。しかも、このような相対価格は社会で統一されているわけではなく、すべての人がそれぞれ主観的に持っているのが普通である。加えて、その時の気候、気分、需給関係により、同一人物の相対価格であっても様々に変化するので、一度交換

表1-1 物々交換における相対価格表

「魚」	1匹	「肉」	200g
「魚」	1匹	「飲料水」	400cc
「魚」	1匹	「塩」	600g
「肉」	100g	「飲料水」	200cc
「肉」	100g	「塩」	300g
「飲料水」	100cc	「塩」	150g

が成功したからといって、それ以降も必ずしも取引が成功するとは限らないのである。

さらに、このような「相対価格」は一時点の価値を想定しているのであり、時間とともに価値が変化（つまり、陳腐化）するような場合には、「同じもの」であっても時間的な経過を考慮する必要があることになる。例えば、「魚」を「肉」に交換しようとする場合、「魚」が同じ種類であったとしても「獲りたての魚」と「漁をしてから1週間以上経っている魚」では、自ずと交換比率は違ったものになるはずである。

2．貨幣の機能

1 原始的な「おカネ」の誕生

物々交換社会においては「交換相手を見つける困難」や「交換比率に関する困難」などが発生するので、「交換自体が成立しない場合が多い」ということをみてきた。

このような中において「塩[2)]」というものは生活の必需品であり、地域的、文化的、慣習的な違いがあまりなく、どのような生活をしていても「同じように必要なモノ」である。また、時間的な経過により価値が大きく変化するような種類のモノではない（つまり、陳腐化しにくい）。ただしここでは、「塩」はどこの地域からも同程度に「遠い距離にある特定地域」にあり、その場所から誰でも好きなだけ持っていくことができるものとする（したがって、「塩」を採取でき

る地域を支配するものはなく、採集する時に争い等はないものとする)。

　この場合、「塩」は生活の必需品なので「遠い距離にある特定地域」にしかないとすると、一定の期間ごとに採取する必要が生じることになる。そのため、ある程度の量を常に保有していても、一定期間後には消費してしまう。その上に「塩」は腐らないことから、当面必要な量よりも多い量の「塩」を保有することになっても、大抵の人は「問題視しない」と考えられる。

　つまり、「塩」以外の保有物を「塩」に交換するのであれば、その「交換比率」に異論がない限り「交換する」という取引に問題は生じにくいと考えられる。他方、「塩」を保有している人にとって「塩」を「塩」以外の保有物に交換しようとする場合、「必要でないモノ」であれば、一般的には「交換比率」に関係なく「交換」自体を拒否するものと思われる[3]。

　このように普通の「モノ」であっても、交換する場合に相手側に受け取りを「承諾されやすいモノ」と「承諾されにくいモノ」とが存在することがわかる[4]。すなわち「承諾されやすいモノ」は、それ自体を必要としない場合でも、交換をしようとする時に便利なものなのである。

　このような「承諾されやすいモノ（例えば、「塩」）」が誕生してくると、受け取りを「承諾されにくいモノ（例えば、「魚」）」を保有しているものの、現時点では自分にとって必要のないモノの場合、取引により別のモノ（例えば、「肉」）との交換を欲しても"直接"には交換が難しい。そこでまず、多くの人にとって受け取りを「承諾されやすいモノ」に交換することで、「自分の欲しいモノとの交換を有利にしたい」という思惑が生まれることが考えられる。

　そのため、「承諾されやすいモノ」はそれ自身を"現在"必要としない人々にとっても「他のモノとの交換」を有利にするために、積極的に交換を求められるようになろう。そして、このような取引が頻繁になされるようになると、実際には「モノ」として使用するのであれば「まったく必要のない」場合であっても、次の取引（つまり、他のモノとの交換）を有利にするために「保有したい」と思うようなモノが誕生することになる。これが原始的な意味での「おカネ」であり、後に「貨幣」へと進化することになる。

　このような「原始的なおカネ」は、当初、日用品であったかもしれない（つま

り、上記の例示のように「塩」等）が、「どこにでもあるモノ」は取引相手も持っている場合が多いので、もっと「希少なもの」にかわっていったと思われる。この場合、「そのモノ自身がまったく必要でない」というモノでも、「交換」さえ容易にできれば問題がないので、「宝石」のような「美しく」そして「希少」なモノが「原始的なおカネ」として機能することになったと考えられる[5]。そして、「美しく」しかも「腐らないモノ」として、やがて貴金属である「金」が「おカネ」として機能していくことになったと考えられている。

　今まで見てきたように「おカネ」というモノは、初めから「特別なモノ」があったわけではなく、普通の「モノ」の中から時間をかけて人々が作り出してきたものであることがわかる。また、「人々が作り出したモノ」だけに、その地域（またはコミュニティ）に特有なモノが「おカネ」として発達することになるので、自ずと「使用できる地域」というものが限られることになる。それゆえ地域が違えば、そこで使用できる「おカネも違う」のは「当然」の事なのである[6]。ただ逆に、地域に限定すれば「ある特定のモノ」が「おカネとして機能するようになっていく」と考えられる。この場合、「おカネとして機能する」とは、どのような「モノ」との交換においても、当該「特定なモノ」が「必ず取引の相手側になることができる」ということである。そのためには、当該「特定なモノ」を提供すれば、必ず、「自分の欲しいと思っているモノとの交換が可能になる」ということが必要である[7]。

　このように「必ず交換に合意してくれる」というモノが「おカネ」であり、このような性質を「一般的受領性」という。この「一般的受領性」という性質は、突然変異的に付加されるようなものではなく、当該地域における長年の取引実績で培われた当該「特定なモノ」に対する信頼により獲得した性質であり、人為的に云々できるようなものではない。

　普通のモノでも「一般的受領性」が付与されると「おカネ」として機能することをみてきた。この「おカネ」があることによって「物々交換社会」がどのように変化するのかをみていこう。

　まず、物々交換社会においては、交換比率以前に、「モノの交換」自体が困難であった。しかし、「おカネ」というものが存在していれば、「交換自体における

困難」は解消できる。例えば、「魚」を「肉」に交換したい場合を考えよう。この時、「塩」が「おカネ」として機能しているとする。この場合、「魚」を「塩」と交換できれば、「魚」を持っていた人は「塩」を保有することになるので「肉」との交換が可能になろう。なぜなら、「肉」を持っている人は「塩」＝「おカネ」となら"必ず"交換する（「おカネ」には「一般的受領性」がある）ので、「魚」と「塩」が交換できれば、「肉」との交換には何ら問題がないからである。

とはいうものの、ここで「魚」を「塩」と交換できるか否かは重要な問題である。この交換ができなければその後の交換ができず、物々交換社会と変わらないことになる。

けれどもこの場合、物々交換社会の時と違い、「塩」というモノは「生活の必需品」であると同時に「おカネ」として機能すると仮定すれば、多くの人が常に保有している可能性が高いと考えられる。つまり、「塩を保有している人を探す」という手間は物々交換社会の時の「肉を保有している人を探す」よりも容易ということになろう（誰に当たっても「塩」＝「おカネ」を持っていると考えられる）。したがって、交換を希望する場合には、取引相手が"常に"「塩」＝「おカネ」を保有していることを前提にすればよいのであり、後は取引相手が自分の保有しているモノと「おカネ」との交換を承諾するか否かということのみである。

こういう概念が社会的に通用するようになれば、当該地域（または当該コミュニティー）に住む人々は、自分にとって必要のないモノ[8]であっても、それが「おカネ」として機能している場合には「欲しい」と感じることになる。なぜなら、その「おカネ」を保有していれば、自分が欲しいと思った時にはどのようなモノとでも交換が可能だからである。つまり、今後"予想される"交換を容易にするために、現時点ではそのモノ自体を使用しない場合でも、「おカネ」として認識されるモノ（上記の場合は「塩」）との交換に対しては応じることになる[9]。

2 「おカネ」との交換

このように「おカネ」として認識されるモノが誕生すると、どのようなモノであっても、交換（取引）をする場合には必ずその相手として「おカネ」を選ぶ

ことになる。それゆえ、「おカネ」として認識されたモノ（例えば、「塩」）とその他のモノ（例えば、「魚」や「肉」等）との間の交換履歴が蓄積されることになる。このようにして蓄積された交換履歴は、人々の頭の中に記憶され、または、更新されることで、当該地域内において経験的に「おカネ」とその他のモノとの交換比率が決まっていくことになる。

つまり、当初（まだ、交換比率が練られていない状態の時）、「塩」と「魚」の交換比率は人それぞれであり、「塩」を高く評価する人もいれば、「魚」を高く評価する人もいるはずである。しかし、取引の相手先が"必ず"「塩」であれば、「塩」の価値をベースにしてその他のモノを評価することになるので、他の人よりも「魚」を必要以上に高く評価していると、そのような人とは誰も「塩」を「魚」と交換しようとは思わなくなるであろう。逆に、「魚」を必要以上に低く評価している人の場合には、多くの人が「塩」との交換を求めてくるといった現象が起こると考えられる。「塩」を「おカネ」として認識している社会においては、このようなことが頻繁に起こるので、その地域に住んでいる他の人の想定している交換比率を理解するようになり、結果としては「塩と魚」の間において、一定の交換比率で取引されるようになっていくと考えられる。

さらに、これは「塩と魚」だけでなく、「塩と肉」「塩と水」などにも同じ現象が起こるので、「おカネ」が存在する社会における交換比率は、社会に存在しているモノの数から「おカネ」として認識されているモノの数（つまり、1つ）を引いた数（つまり、総数が n の場合、「$n-1$」個）になり、物々交換社会の時（$n(n-1)/2$ 個）よりも交換比率の数が大幅に少なくなることがわかる[10]。

ここで「塩」以外の特定のモノ（例えば、「魚」）の絶対数量が極端に減少した場合のことを考えてみよう（他は一定）。「魚が欲しい」と考えている人は、常に一定比率存在しているとすると、「欲しい」という気持ちの強い人ほど「多くの塩」との交換を容認すると考えられるので、「魚の絶対数」が減少した場合には、相対的に「魚」は高く評価されることになる（つまり、「値上がり」する）。しかし、これは「塩と魚」だけの関係においての話であり、「塩と肉」「塩と水」などとの関係は基本的に変動しないはずである[11]。

他方、「塩」が極端に減少した場合のことを考えてみよう（他は一定）。この

場合、モノとの交換には必ず「塩」が使用されるものの、「塩の量」が少ないのであれば、どのようなモノに対しても交換の際には「塩」を以前よりも高く評価することになると考えられる。つまり、相対的に「塩以外のモノ」の価値が低くなる（「値下がり」する）という現象が起きると考えられる（「塩の量」が多い場合には、逆の現象が起こると考えられる）。

　以上のように、モノの価値というものは、個別的にはそのモノ自身の量の多少によって変動する[12]が、「おカネ」として認識されているモノ（上記の例では「塩」）の「量」が変動すれば、その社会に存在するすべてのモノの価値が変動することには注意が必要である。一般に「物価」という場合、条件となる形容詞がなければ、「一般物価」を指すのであり、理論的には「一般物価」は「おカネの量」に反比例することになる。

　ところで、例えば、今「魚」を保有していた場合、その「魚」を適正な価値で「おカネ」として認識されている「塩」と交換してほしいと申し込まれたとする[13]。その時、「魚」の保有者が「魚を食べるため」など、「魚」を現在保有していることに対して「特別な思惑」がない限り、一般に「おカネ」との交換に対して「否」を申し出ることはないと考えられる。というよりも、むしろ、「特別の思惑がない」状態で「魚」を保有しているのであれば、積極的に「おカネ」と交換したいと思うはずである。

　なぜなら、特別の思惑がないまま「魚」を持ち続けても、別の欲求が起こり、「魚」を他のモノと交換したいと思った時に、「魚」のままにしていると交換が"事実上"不可能であるのに対して、「おカネ」に交換すれば、その後、いつでも「別のモノ」と交換することができるからである。

　ここで問題になるのが「おカネ」と認識されているモノの「陳腐化」である。陳腐化すれば、当然、価値が減少することになるので、「おカネに交換すれば、その後、いつでも別のモノと交換が可能」と思っても、実際に交換しようとすると、低い価値のモノとしか交換ができないということになってしまう。もし、そのような事態が発生するのであれば、そもそも「おカネによる交換」自体が懸念されることになり、「おカネ」の一般的受領性が損なわれることになる。そのため、当初はいろいろなモノが「おカネ」として使用されることになろうが、

徐々に陳腐化しないモノ（例えば、「金」）が選ばれ、そのようなモノにシフトすることになったと考えられている。

このように「おカネ」は一般に陳腐化しない素材でできているはずなので、あるモノを「おカネ」に交換するということは、交換した時点のモノの価値を「おカネ」という形で「保蔵したこと」になる。つまり、モノ（例えば、「魚」）の価値というものは時間的、または量的な問題により、時々刻々と価値が変動するものの、ある時点で「おカネ」と交換すれば、その交換時点のモノの価値（例えば、「魚」1匹⇔「塩」600g）はそれに相当する「おカネ」を所有したことになり、その「おカネ」は時間を超えて、別の（「塩」600g相当の）モノとの交換が可能という意味で価値が保蔵されたことになる。

以上から、モノを「おカネ」に交換することにより、その時点におけるモノの価値を、「おカネ」の形で保蔵することができることがわかった。

ここで、「おカネ」を「モノ」と交換するという取引（「おカネ」を失って、「モノ」を手に入れる場合）を「購入（買う）」といい、逆に、「モノ」を「おカネ」と交換するという取引（「モノ」を失って、「おカネ」を手に入れる場合）を「売却（売る）」という。つまり、モノは売却することによって、その価値を「おカネ」という形態で保蔵することができ、「おカネ」は保蔵した価値により、別のモノを購入することができるのである。

このように「おカネ」には「モノを買う力」、いわゆる「購買力」があるということがわかる。

3 貨幣の機能

ここまでみてきたように「おカネ」にはいろいろな機能があるが、基本的には①「一般的交換手段機能（means of exchange）」、②「価値尺度機能（unit of account）」、③「価値保蔵機能（store of value）」の3つの機能があるといわれている[14]。

① 一般的交換手段機能（means of exchange）

まず、「おカネ」として認識されたモノは、長年の取引実績で培われた「一

般的受容性」という性格により、常に取引の相手方になるという機能がある。これを「一般的交換手段機能」という。この機能によって「おカネ」はどのようなモノとも交換できるので、取引相手を見つけるための情報収集コストが削減できる。

② 価値尺度機能（unit of account）

また、「おカネ」は常に取引の相手方になることから、すべてのモノがおカネで測った交換比率で評価されるので、その取引履歴が蓄積されることによって価値評価が平準化してくるという機能を持つ。これを「価値尺度機能」という。この機能によって取引に必要な価格情報の収集・評価コストが削減できる。

③ 価値保蔵機能（store of value）

そして、これらの機能を実現するために「おカネ」は「陳腐化しない素材」へと発展することになる。それゆえに「おカネ」は取引時点におけるモノの価値を保蔵することができる機能を持つ。これを「価値保蔵機能」という。このような機能があることから、モノを「売却」することで「おカネ」にその時の価値を保蔵させることができ、逆に、「おカネ」は保蔵した価値を「購買力」として発揮することができるようになる。

なお、原始的な意味での「おカネ」の場合には、上記3つの機能をすべて兼ね備えていないこともあり得るが、一般に「おカネ」が「貨幣」と呼ばれるようになると、3つの機能をすべて兼ね備えていることが必要不可欠となる。

そして、貨幣がこれら3つの機能を兼ね備えていることから、「すぐにモノを手に入れる（購入する）ことのできる力」を持つことになる。ここで「すぐに」のことを「即時的」といい、「モノを手に入れることのできる力」のことを「購買力」というので、貨幣は「即時的購買力の担い手」と考えられている。

3. 貨幣と金融資産

1 異時点間取引

これまでは貨幣とモノとの関係をみてきたが、貨幣は「モノ」とだけ交換するのではなく、金融資産[15]とも交換をすることがある。この場合、貨幣を金融資産と交換するような取引のことを「資金貸借」、または「金融取引」というが、このような取引は「異時点間に跨る」というところに特徴がある。

つまり、金融取引の場合、貸し付けた（または、借り受けた）という時点で取引が完了するわけではなく、将来時点において貸付金の返金を受ける（または、借入金を返金する）ことによって漸く取引が完了する（決済される）ことになるのである。このように金融取引においては、モノの売買取引とは違い、取引開始から終了までの間に時間が介在することになる。

ではなぜ、時間が介在することになるのだろうか。

金融取引の場合、そもそも、資金を借り受けたい主体（借り手）は「単におカネが欲しい」というのではなく、資金を得ることによって"今すぐに"買いたいモノがあり、それを購入したいと思っているである[16]。つまり、現時点で借り手が希望しているのは「貨幣そのもの」ではなく、貨幣の持つ「即時的購買力」といわれる力なのである。しかも、借り手は「購買力」自体については返済する予定があるはずなので、実際に欲しているのは「即時」の部分ということになる。他方、資金を貸してもよいと思っている主体（貸し手）については「購買力」自体は保持したいものの、現時点で「モノを購入しよう」という気持ちがない、または、「すぐに（即時的に）」の部分に固執しない主体であると考えられる。

そこで、貸し手と借り手を結びつけ、「即時」の部分だけを取引しようとするのが「金融取引」であるといえる。また、これによりお互いの効用が高まるように仕組むことが、この取引におけるメリットとなる。したがって、時間そのものを取引しているのが「金融取引」なので、「時間が介在する」のは当然なのである。

2 金融取引

　まず、貸し手は「即時的購買力」たる貨幣を借り手に貸し付け、その代わりに貸し手は借り手から「一定期間後に購買力を戻す」旨を明記している証書（つまり、借用証書）をもらう。このようにすれば、貸し手自体は現時点でその「おカネ」における「購買力」を必要としていないので、効用水準に大きな変化はないものの、「おカネ」を借り受けた主体（つまり、借り手）は「今すぐにモノを購入したい」という欲求を満たすことができるので、効用水準は高まることになる。このような「借用証書」のことを一般に「金融資産（貸し手側）」または「金融商品（借り手側）」という。

　そして、当該一定期間後に借り手は自らが発行した金融商品（つまり、借用証書）と引き換えに貸し手に資金を返金するので、貸し手は購買力を回復することになる。ただしこの場合、貸し手は、一定期間とはいえ「即時」の部分を失っているので、借り手は貸し手に対して「利子」という形により、補填することになる。したがって、貸し手は、もしこのような金融取引をしなければ、得ることのできなかった「利子を得た」ということから、効用水準が向上すると考えられる[17]。

　このように貸し手は「即時的購買力の担い手」である貨幣を借り手に貸し付

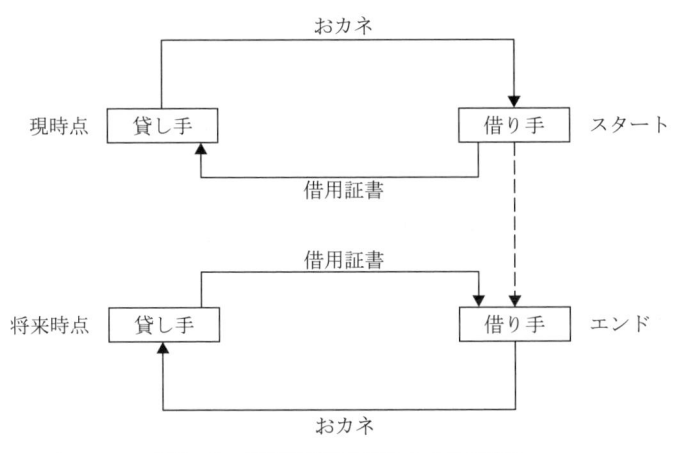

図1-1　金融取引におけるおカネの流れ

けることにより、借り手によって発行された借用証書を金融資産として保有することになる。この場合、この金融資産は「即時的購買力」はない代わりに、一定期間後に「購買力を回復する」とともに、当該期間に相当する「利子を受け取ることができる」という契約になっている。それゆえ、貸し手はこの金融取引によって貨幣の「即時的購買力」のうち「即時」を失うものの、潜在的な「購買力」を得たことになるので、金融資産には「潜在的購買力」があるといえる[18]。他方、借り手は貸し手より資金を借り受けることにより、「即時的購買力」を得ることになり、それを行使することで、自らの効用を高めることができる。

3 黒字主体と赤字主体

では、貸し手、または、借り手とは「どのような主体なのか」という点について考察してみよう。一般に、マクロ的な意味で「家計[19]」を捉えた時、ある期間において家計が得た所得を「すべて消費に回すことはない」とされている[20]。つまり、家計がある期間内に、生活において必要なモノ等を購入するために支出する消費は、当該期間に得た給与等から社会保障費や税金等を差し引いた可処分所得の範囲の中で行うのが一般的である[21]ということを意味する。それゆえ、家計には消費に回らなかった「おカネ」が存在することになる。この部分を「貯蓄[22]」という。これを式に表すと以下のようになる。

　可処分所得＝消費支出＋貯蓄
　貯蓄＝可処分所得－消費支出 ………………………(1-1)

以上から、(1-1) 式において家計の「貯蓄」は、"プラス"の値を取ると考えられている。このように貯蓄がプラスの値を取るような経済主体は、当該期間において「おカネ」が余剰状態になっているということなので、「資金余剰主体」、または、「黒字主体」と呼ぶ。

このような主体は、余剰になっている「おカネ」をそのままの形（つまり、貨幣のまま）で保有している場合も考えられるが、ここで余剰になった「おカネ」は、そもそも、当該期間において「消費しなかった」のであり、その意味では

「即時的」な購買力を必要としなかったことになる。つまり、このように余剰になった「おカネ」が「貸出」に回すことが可能な資金なので、このような資金余剰主体（黒字主体）が「貸し手」として機能しているはずである。

　他方、企業などの場合、今期の売上に貢献しないものの、来期以降の売上のために支出するという時がある。このような支出を「投資（設備投資など）」という。このような支出を行うことから、企業等では売上のような収入から支出を引くと"マイナス"になることがある。これは（1-1）式より、貯蓄がマイナスの値を取るような経済主体であることを示している。つまり、当該期間において「おカネ」が不足している状態になっているということなので、「資金不足主体」、または、「赤字主体」と呼ぶ。

　このような主体は、そもそも、当該期間において「即時的」な購買力が足らない状態になっているので、どこかの主体から「おカネ」を「借り受けている」はずであり、このような資金不足主体（赤字主体）が「借り手」として機能していることになる。

4　家計部門と企業部門

　このように家計部門は一般に資金余剰主体であり、生産手段を持たないことから、貯蓄として余剰になった「おカネ」は、当面、即時的購買力を必要としないまま、保有していることになる。一方、企業部門は、現在、即時的購買力があれば、それを使って「生産手段を購入する」という投資（設備投資等）を行い、生産行動を通じて、将来時点において付加価値を伴った購買力を生み出すことができる。

　それゆえ、家計部門の即時的購買力と企業部門の潜在的購買力を交換することができれば、企業部門は生産活動を通じて将来において付加価値を生み出すことができ、社会的な厚生（社会的な満足、福利）を高めることができる。加えて、借りた資金によって購入した生産手段を利用して生み出された付加価値のうちの一部が「利子」として貸し手に提供されることになる。

　以上からこのような家計部門の即時的購買力と企業部門の潜在的購買力の交換こそが、マクロ的な意味での金融取引なので、金融取引によって社会的な効

用を高めることができることがわかる。また、貨幣とは即時的購買力の担い手であるのに対して、金融資産はその発行者によって将来時点での購買力を保証されているものの、現時点では即時的な購買力を持たないことから潜在的購買力の担い手と考えることができることもわかった。

【注】
1) 物々交換社会では「欲求の二重の一致（Double-coincidence of wants）」が必要とされている。つまり、①「商品Aを手放して、商品Bを取得したい」と考える人と、②「商品Bを手放して、商品Aを取得したい」と考える人が同時に出会わないと、物々交換社会においては交換ができないのである。
2) ここでは「塩」を取りあげているが、これは学術的に「塩＝原始的なおカネ」ということをいっているのではない。「貨幣」というものを理解する上では、比喩的であっても具体例を使用した方が理解しやすいと考えて、例示しているだけである。
3) 必要のないものでも「欲しい」と感じる可能性は否定できないが、ここでは「一般的に」ということで理解されたい。
4) ここの例では「承諾されやすいモノ」が「塩」であり、「承諾されにくいモノ」が「肉」や「魚」であるが、実際の社会では、コミュニティの成り立ちや慣習、生活風土、地理的要因等により、「承諾されやすいモノ／承諾されにくいモノ」は異なる。しかし、どのような社会においても「承諾されやすいモノ」が生まれるものと思われる。
5) 実際、「原始的なおカネ」として使用されたモノには、宝石の他、鳥の羽や貝殻、貴金属が使われたようである。この点に関してはモーガン（1990）が詳しい。
6) これは現在も同じであり、様々な金融的手法があるにしても、例えば、「円」が通用するのは基本的には「円」決済が可能な地域に限られている。
7) ただし、数量的多少に基づく問題は別として、「交換をする」ということに対しての合意がなされている必要があるということである。
8) モノとしての使用価値はあるものの、保有している本人にとって、当該保有物の使用価値を必要としていないような場合を意味している。これについては日高（1974）が詳しい。
9) ここで、「もし、おカネを欲しいと思わない人がいれば、どうなるのだろう？」という疑問を持つ人のために、以下で回答を用意して置く。
　　「おカネを欲しいと思わない人」が存在しているならば、その場合の「おカネ」はその人にとって「一般的受領性がない」ことになるので、そのようなモノは、定義としての「おカネ」＝「貨幣」ではないことになる。
10) この場合、社会的に存在するモノの数「n」は「2以上（交換を前提にしているので）」であり、「$n \geq 3$」であれば「おカネ」の存在する社会の方が交換比率は少なくなる（$n=2$の時は交換比率が「1」となる）。

11) 実際には「代替財」や「補完財」という関係にある場合には評価価値が変動する可能性があるものの、ここではこのようなことは考慮していない。
12) そのモノを欲している者の多少によっても変動をするが、ここでは考慮していない。
13) この場合の「適正な価値」とは、当該地域で「一般に用いられている交換比率」という程度の意味である。
14) 日高（1988）などでは分類が異なっているが、多くの「金融論」のテキスト（例えば、池尾・岩佐・黒田・古川（1993）、浜田・鴨池（1992）など）では、この3分類になっている。
15) 金融商品は金融機関等で売られている金融的商品のことであり、金融商品の発行サイドからみれば負債にあたる。したがって、このような金融商品を購入した保有者からみれば、貨幣同様、資産となるので金融「資産」という。つまり、金融資産も金融商品も同一のものを指すが、発行者サイドからみた場合と保有者サイドからみた場合とでは名称が異なるのである。貨幣を貸し付けた側では貸し付けた資金のことを「貸付金」というのに対して、当該貨幣を借り受けた側では借り受けた資金のことを「借入金」というのと同じである。
16) ここで、実際には、借り手の返済についての実現性に関する問題が、今後、重大になるが、ここでは借り手の返金については「疑う余地がない」ものとする。
17) 利子率の決定メカニズムは貸し手側の効用のみによって決定するわけではないものの、後に詳しく説明をするので、ここでは立ち入らないことにする。
18) ここで「購買力が復活する」のは、あくまでも借り手が、当該一定期間後に貸し手に「返金するから」なのであり、「返金しなかった」または「返金できなかった」場合には問題になる。この点に関しては、後ほど議論することになるので、ここでは「返金が確実である」ということを前提に話を進めることにする。
19) この場合、GDP統計等による分類であり、内閣府経済社会研究所の国民経済計算における分類等を参照していただきたい。
20) 経済学を考える場合には「ストックで考えるのか」または「フローで考えるのか」が重要になる。ここでの話は「フロー」に関するものであり、この場合、「フロー」とは「ある一定期間内に発生したもの」をいう。他方、「ストック」とは「ある一時点の有り高」なので、理論的には $(t-1)$ 期のストック値と (t) 期のストック値の差は、価格変動を考えなければ、当該期間（つまり、(t) 期中）のフローの合計になる。
21) 当然のことながら、個別的に見た場合には可処分所得を超える消費支出をする家計は存在するものの、ここではマクロ的に考えていることに注意が必要である。
22) これは「可処分所得のうち消費に回らなかったもの」という意味であり、「貯蓄残高」ではないということには注意が必要である。

第2章 銀行の成立と通貨

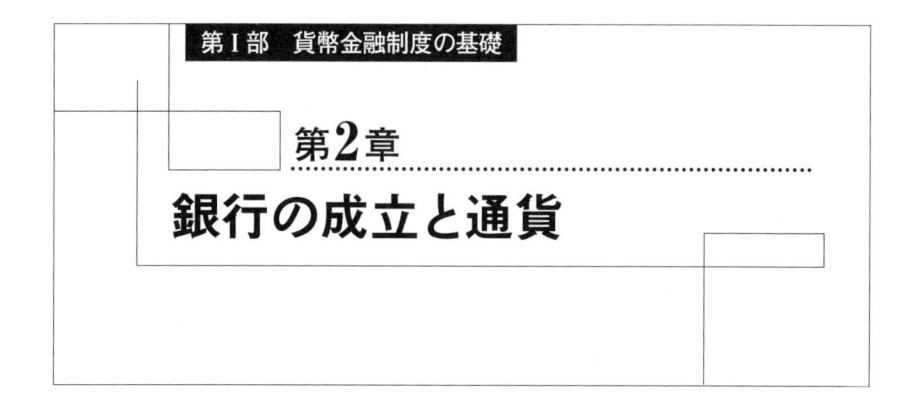

1．ゴールドスミス・バンカー

1 ゴールドスミス

　これまで見てきたように貨幣とは「即時的購買力」があり、いつでも「モノを買うことができる」というところに特徴があることがわかった。ところで、これまで見てきた貨幣とは「金」などのように「金属の貨幣」を前提にしてきた。しかし現在、「貨幣」といわれるモノは「紙」である。この点についてこの章と次の章で考察することにする。

　ここでは現在の銀行の原型というべきゴールドスミス・バンカーについてみるため、以下においては、17世紀の英国を前提に解説する[1]。ただ本来、英国の通貨単位として知られている「スターリング・ポンド」は銀貨における呼び名であり、もともと英国では本位貨幣として「銀」が使われていたことから、17世紀当時は「金銀本位制」であったと思われる。しかしその後、徐々に「金」が本位貨幣になっていき、最終的には金本位制になっていく。そこでここでは単純化のために「完全な金本位制」として話を進めることにする。また、流通していた貨幣は、実際には「鋳造貨幣（コイン）」が主流であると思われるが、これについても金塊そのものが「貨幣」として流通していた（つまり、当該金塊の含有金量を測ることにより、貨幣価値の判定をしていた）とする[2]。

このような中、英国には「ゴールドスミス（金匠）」と呼ばれる職人がいた。彼らは金を素材として、そこに巧みな細工を施すことにより、生計を立てていた。ここで、ゴールドスミスは他の細工職人とは違い、細工する素材が貨幣でもある「金である」というところに特徴がある。つまり、素材の調達がそもそも「資金調達」ということになり、委託注文により加工する場合であっても、加工する期間、金そのものを預かることになる。このように、いずれの方法によってもゴールドスミスの外部から貨幣でもある「金」が持ち込まれれば、それを持ち込んだ人に対して借用書としての「受取書」を発行することになる[3]。他方、このようにして調達した金は、それ自体「素材」ではあるが貨幣でもあるので、貸付にも利用されていたようである。ただしこの場合、貨幣の取扱業者（dealer in money）であり、後に登場することになるゴールドスミス・バンカーとは異なることには注意が必要である。

2 ゴールドスミスの受取書

ここでゴールドスミスの受取書自体における信頼性について考察しよう。

ゴールドスミスに金を持ち込む（つまり、顧客）サイドにおいて「そもそも貨幣である金を預けてもよい」と思うくらいの信頼が、長い間の付き合い（または、評判）によって築かれていたと考えられる。しかも、ゴールドスミス側としてもそのような信頼を一度でも崩してしまえば、素材としての金が集まらなくなり、商売自体ができなくなるということは理解していたと思われる。このことから、ゴールドスミスに受取書が持ち込まれた場合の換金手続きは、慎重に、しかも、迅速に対応していたものと考えられる。

この受取書の最古のものとしては「1633年の日付のあるローレンス・ホアー（Lawrence Hoare）の受取書」[4]とされているが、この当時の受取書は特定の人に一定額を返済する約束の形態をとっていたようである。ただその後、「または持参人」という言葉が（特定人の）名の後に追加された[5]。これによって、本来の金の持ち込み者（A氏とする）でなくても、A氏からその受取書を譲渡された者（B氏とする）が当該受取書を発行したゴールドスミスに持ち込めば、ゴールドスミスはB氏に一定額を返金することになる。このようにゴールドスミスの受取書は譲渡自由

性 (negotiability) を付与されたことから、市中を流通することができたのである。

　しかし、上記の例示の場合、A氏と当該受取書を発行したゴールドスミスとの間にはもともとそれなりの「信頼関係があった」と考えられるものの、B氏と当該ゴールドスミスとの間に同様の信頼関係があるとは限らない。このような場合、B氏はすぐに当該受取書を発行元であるゴールドスミスのところに持っていき、換金を申し込むものと思われる。なぜなら、発行元がゴールドスミスとはいえ、本当に金と交換されるのか否かについての確証がないからである。また、そもそも受取書は借用書（つまり、金融商品）に過ぎないので、貨幣のような「一般的受領性がない」ために、この受取書を提示してモノとの交換（つまり、購入）を希望しても拒否される可能性も存在する。

　このように受取書に譲渡自由性が付与されたといっても、当初は「A氏→B氏」の譲渡の分だけ市場に残留する時間は延びるかもしれないが、ほとんどすべての受取書は発行元のゴールドスミスに戻ると思われる（譲渡自由性がなければ、当然、基本的には「残留することはない」と考えられる）。ところが、例えばB氏が当該受取書を発行元のゴールドスミスに持ち込めば、何の問題もなく換金されるはずである。ここでゴールドスミスが換金に難色を示すようであれば[6]、ゴールドスミスとA氏との信頼性も揺らぐことになるので、書類上に問題がなければ換金はスムーズに行われることになろう。このような対応を繰り返すうちに、B氏のようなゴールドスミスの受取書における第二次受領者は、当該受取書における「換金確実性」を認識することになる。

　そして、一般の人々においても「受取書における換金性」について疑いを持たなくなると、例えばB氏のような第二次受領者が、モノを買う場合にそれに相当する貨幣である金を支払う代わりに当該受取書をモノの販売先に渡した場合でも、その販売先も「受取書における換金性」に疑いを持たないことから、その受取書を受領することになろう。ここにおいてゴールドスミスの受取書に「一般的受領性」が付与されることとなる。このようにして一般的受領性を持ったゴールドスミスの受取書は、制度的には貨幣とは異なるものであるが、実質的には貨幣の代用物として機能することになる。このようにして、「紙」であるゴールドスミスの受取書が、金属である鋳物貨幣の代替物として流通するようになっ

たのである。

3 ゴールドスミスからゴールドスミス・バンカーへ

そして、このようにゴールドスミスの受取書が「貨幣の代用物」として機能するようになると、受取書は発行元であるゴールドスミスに戻ってこないまま、市中において流通するものが増えてくる。ただし、当然、すべての人々にゴールドスミスの受取書の一般的受領性が浸透しているわけではないので、受取書のままではモノの購入ができない場面もあろう。そのため、実際には発行元のゴールドスミスに戻ってくる受取書も存在する。しかし、ゴールドスミスは他方で資金調達のために、常時、素材としての金の預かりをしているので、受取書の発行と換金のための償還は、徐々に釣り合うようになってくる。

つまり、ゴールドスミスの受取書の市場流通残高は、日々においては変動があるものの、通常の状態ではある一定額が流通市場に残留していることになる。この部分を、一般に「底溜り」というが、このような底溜り状態になっている場合には、当該ゴールドスミスは返金する必要があるが、実際には受取書の換金に来ないため返金しないままになっている金が存在することを意味している。

以上から、このような金は現時点で流通している受取書がすべて発行元であるゴールドスミスに戻ってくれば返金されるべきものではあるが、通常は一時期

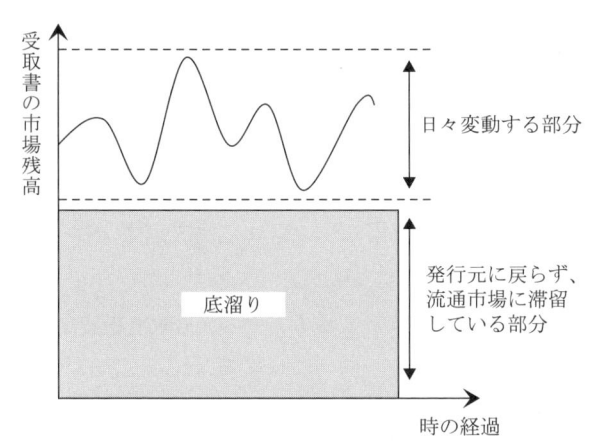

図2-1 ゴールドスミスの底溜り

にすべてが換金を要請される可能性が低いことから、ある一定の準備金を残しておくだけで、当面の間、他の主体に貸し出すことが可能になる[7]。さらにこの場合、ゴールドスミスは貸付を自らの発行する受取書で行うことができるということに大きな特徴がある。つまり、ゴールドスミスは貸付を行ってはいるが、金（つまり、貨幣）を使わないで行うことができるのである。なぜなら、資金を借りたい主体は、金そのものが欲しいわけではなく、購入したいモノを買うことができさえすればよいのであり、ゴールドスミスの受取書を提示してモノを購入することができるのであれば、まったく問題ないからである。

このようにしてゴールドスミスは自らの金庫に保有している金の数倍にも及ぶ貸出を行うことが可能になるのであり、このようなゴールドスミスを「ゴールドスミス・バンカー」と呼ぶのである。そして、このゴールドスミス・バンカーは、貨幣の取扱業者（dealer in money）に過ぎなかったゴールドスミスとは違い、自らの発行する受取書を貸付に利用することによって、その後、貨幣を創造する主体（つまり、現在の銀行）へと発展していくことになる。

2. 通貨の歴史

1 イングランド銀行とピール条例

現在の英国の中央銀行であるイングランド銀行（Bank of England）は、当初から「中央銀行になる」ために設立されたわけではない。同行の創立者たちは「ゴールドスミスの行うのと同じ種類の業務をもっと大規模に行うつもりであったに過ぎない」[8]のであった。しかし、当初から規模が大きく、また、イングランド銀行の設立時における英国においては、金融恐慌およびそれに続くフランスとの戦争により財政が緊迫していた時期であったことから、イングランド銀行も政府の資金調達に応じていた。しかも、その後も政府の資金調達に大きく貢献したことから、18世紀には他行と完全に区別されるほどの「規模と政府との特別な関係」[9]を持つに至った。

さらに18世紀半ばにはゴールドスミス・バンカーから発展したロンドンの銀

行は、お互いの債権債務を相殺するために手形交換所を設立し、この決済にはイングランド銀行が発行した銀行券等[10]で行われるようになった。これにより、他のロンドンの銀行は自らの銀行券の発行を徐々に中止し、代わってイングランド銀行券を用いるようになったことから、同行は英国内の「ほとんどすべての他の銀行に対する銀行」[11]として活動するようになり、「同行は金という無比の準備金を多く保持」するようになった。そして、この準備金は国内および国外（つまり、貿易上）における最終的な決済資金として機能するようになった。ここに至り、イングランド銀行は現代の中央銀行におけるいくつかの機能を担うことになった[12]。

このようにして本位貨幣である金はイングランド銀行の金庫の中に留まり、代わってイングランド銀行券が市場に流通するようになる。このような折、1793年から勃発したフランスとの戦争の最中である1797年にフランスの侵入のうわさからイングランド銀行において「取付け」が起こったため、それ以降、戦争が終結する（1815年）までの間、銀行券の金貨での支払を停止した。しかし、それまで培われた銀行券に対する信頼により、一般的受領性が堅持され、金貨との支払が停止された以降も銀行券は問題なく流通し、実質的な貨幣として機能した。

とはいえ、本位貨幣はあくまでも金貨であり、銀行券の金貨での支払を再開すべきという意見は常に存在していた。そうしたことから、戦争終結後の1821年に金貨との支払が完全に再開された。ところが、イングランド銀行の当時の理事たちは「中央銀行」としての責任の意味について深く認識していなかったこともあり、「1825年恐慌でイングランド銀行の金準備は、枯渇の危機」にさらされた。このようなことを発端として有名な「通貨論争（controversy of currency）」と呼ばれる論争が行われることとなった[13]。この論争に終止符を打ったのは、ロバート・ピール卿（Robert Peel）が首相として制定した1844年の銀行法（ピール条例）であった。この法律の制定にあたり、通貨学派に属する理論家たちがピール政権の閣僚等だけでなく、イングランド銀行の指導的な理事たちを納得させたことから、通貨学派の主張が色濃く反映された内容になっている。

内容としては、①イングランド銀行が発券をほぼ独占すること、②金準備以外の公債や商業手形などの保証準備による発券の量を直接厳しく制限し、それ以上は必ず金をその分だけ用意しなければならないこと、などである[14]。

この法律によって、名目ともに「紙」である銀行券が金貨と並んで貨幣として機能することになった。ただし、銀行券の発行量がイングランド銀行の保有する金量に制限されることから、国際収支による金の流出入が直接国内の貨幣量に制約されていたため、金が本位貨幣として機能していたと考えられる。

2 ブレトン・ウッズ協定

このような兌換紙幣制度は、第一次世界大戦により変化していくことになる。戦費等の支出により、戦前の条件で兌換制度を維持できたのは米国だけであり、その他の国は金本位制を停止するか、その制度的な枠組みを変更せざるを得ない状態になった。英国でも国内市場において流通する金は消滅していった[15]。そのような中、イングランド銀行券の券面に「兌換できる」ということが記載されなくなり、不換紙幣となった。しかし、実際にはその頃になると銀行券を兌換しようとする人はほとんどいなくなり[16]、不換に伴う混乱はなかったようである。

しかし、金本位制における国際収支均衡が国際的な物価の安定をもたらすという考え方が広く信じられていたため、国内的には不換紙幣を導入しても国際的な決済においては、金本位制を復帰すべきであるとする国が多く存在していた。そういったことから1927年末までに1914年に金本位制をとっていたほとんどすべての国が、金本位制に復帰することとなった。

このように国際収支上の決済通貨としては金が果たしているので、広い意味での通貨価値は金がベースであったといえよう。ただし、国内的には不換紙幣になっていることから、現代と同様、紙幣自体の価値は「国内のすべてのモノの価値（つまり、一般物価）との対比」で決定されることとなる。

このような国際的な枠組みも第二次世界大戦によって、多くの国が戦費のために金が海外に流出する一方で、米国に向かって大量に金が流入していったことから、金本位制そのものの維持が困難になっていった[17]。

そうした中、国際的な通貨体制を作ろうとする機運が高まり、大戦後、ブレトン・ウッズにより会議が開かれ、国際通貨基金（International monetary Fund : IMF）と国際復興開発銀行（International Bank for Reconstruction and Development）という2つの国際機関が作られるとともに、その枠組みが合意された（IMF協定）[18]。そして、この合意により、各国の通貨価値は、米ドルは金（1オンス35米ドル）に対して、その他の通貨は米ドルに対して定められることになった（円については360円／ドルという平価に決定した）[19]。

3 ニクソン・ショック後の通貨

ここで米ドルが国際通貨として信認されていたのは、世界最大の貨幣用金の保有を背景にして、金との交換に対する信頼があったからである。ところが、1958年から米国の国際収支が赤字に転じたことから、金交換の保証に対する信頼が揺らぐようなっていった。そもそも一国の通貨を世界通貨として機能させるということ自体に問題があったわけであり、各国は米ドルを金と交換するように求めるようになった。そのため、通貨不安が止まらなくなり、ついに1971年8月にニクソン米国大統領が金・ドル交換停止を行ったことによって、米ドルを基軸とする固定為替レート制は崩壊した。その後、1971年12月に再度固定為替レート制に戻った（スミソニアン体制）ものの、長続きせず、先進諸国は変動為替レート制に移行していった[20]。

これによって、国内通貨として流通していた中央銀行券（紙幣）は、そもそも不換紙幣になっていたが、国際取引における決済でも金との関係はなくなり、名実ともに貨幣としての地位につくことになった。つまり、金は単なるモノ（コモディティ）となり、紙である中央銀行券（紙幣）のみが貨幣となったのである[21]。

以上のように、ゴールドスミス・バンカーであったイングランド銀行は「規模の大きさと政府との特殊な関係」によって中央銀行に発展していった。そして、イングランド銀行の発行する銀行券は後に紙幣となり、現在では唯一の貨幣になっている。

他方、その他のゴールドスミス・バンカーも銀行へと発展し、顧客が金貨を

預けるとその額に見合う銀行券を発行するようになった。しかし、手形交換所の設立により、銀行間の債権債務はイングランド銀行券によって決済がなされるようになった。そのため、イングランド銀行券の貨幣代用物[22]としての地位が確固たるものになるに従い、イングランド銀行以外の自行振り出しの銀行券は姿を消すことになった。

　代わって、イングランド銀行以外の銀行は金貨やイングランド銀行券を預かると当該顧客（預金者）の預金残高を増加させる手続きを取るようになった。この預金は顧客が望めば、すぐに、預金を取り崩し、金貨やイングランド銀行券を受け取ることができるものである。さらに、多くの銀行で「当座勘定[23]」と呼ばれる勘定を保持するようになった。この勘定に預金残高を持つ場合、当該顧客は債権者に適当な金額を、小切手によって、取引銀行を通じて移転させることができるようになった。

　この場合、銀行の預金は、それ自体がイングランド銀行券のような貨幣代用物ではないものの、取引銀行に申し出れば、すぐに、貨幣である金貨かイングランド銀行券に交換できるという意味でイングランド銀行券と同じモノと考えることができる。また、小切手の場合も、それを銀行に持ち込めば、確実に取引銀行を通じて預金残高が増加することになることから、こちらもイングランド銀行券と同じモノと考えることができる。

　こうしてイングランド銀行券が紙幣として唯一の貨幣になると、預金および小切手は「通貨[24]」として市場に流通することになる。実際には預金や当座預金のような要求払預金（一覧払い預金）は、民間の機関である預金取扱金融機関によって発行される金融商品ではあるが、いつでも貨幣である紙幣と交換できるという信頼があるがゆえに、紙幣同様、即時的購買力の担い手として認知されるのである。

3. 各国通貨と為替レート

1 購買力平価説

　これまでみてきたように、現在、金はコモディティであり、貨幣としての役目を終えているので、各国の通貨はそれぞれ単独に"おカネ"として機能することになっている。つまり、世界的に共通した貨幣価値というものは存在しないことになる[25]。ここにおいて「各国の通貨がそれぞれ単独に"おカネ"として機能する」とは、各国で購買力として通用するものが当該国の通貨だけであることを意味する。したがって、当該国（例えば、日本）で売られている商品は日本の通貨（つまり、円）でないと購入できないのであり、他国の通貨（例えば、米ドル）では直接に購入できないことになる[26]。そのため、円とドルを交換する必要性が生まれるのであり、その交換比率のことを為替レートと呼ぶ。

　以上から、為替レートとは各国通貨の購買力が等しくなるように決まると考えられ、そのような考え方を購買力平価説という。

　例えば、日本でXという商品を買う場合、「X1個 = 100円」だったとする。他方、米国で同様のXが売られていて、そのXを買う場合、「X1個 = 1ドル」だったとする。この場合、Xというモノは日米で同じ品質であり、これを買った人の満足度も同じだとすると、このXを買う力（つまり、購買力平価）は日米で等しいはずなので、100円と1ドルが等しいことになる。したがって、100円をドルに換えるのであれば「1ドルになる（1ドル = 100円）」というように考えることができる。

　ここで突然Xが日本において値上がりし、「X1個 = 150円」になった場合[27]、この時、米国では相変わらず「X1個 = 1ドル」だとすると、1ドルを100円で交換するとドルにとっては「損」である。なぜなら、米国であれば1ドルで買うことができるXを、ドルを円に交換してしまうと、日本ではXを購入できなくなってしまうからである。このような場合、ドルは円との交換をしなくなる一方、円はドルとの交換を求めるため、円売りドル買いが起こり、ドルに対する円の価値が下がることになる。この場合、「1ドル = 150円」で均衡すると考えら

れる。

　このように、ある国の物価が高くなるということは、当該国の通貨価値が相対的に目減りすることを意味するので、その国の通貨は下がる（相手国通貨は高くなる）方向に為替レートが変動することになる。つまり、金が貨幣であった頃とは違い、通貨というものにある特定の価値があるのではなく、当該国における一般物価水準との関係において貨幣価値が決まっているので、開放経済における各国の通貨価値は、貿易相手国との相対的な物価水準によって決定される為替レートによって調整されることになると考えられる。したがって、当該国の生産量や消費者の購買意欲に変化がない中で、通貨量だけが増加した場合、その国の通貨価値は下落するので、物価が上昇する可能性が高く、為替レートも自国通貨安の方向にシフトするはずである。

　このように通貨当局等の保有金量に基づいて貨幣量が制限されていた時に比べて、現在の通貨は、当該国の通貨発行主体（例えば、中央銀行や市中銀行）の動向によって、その価値が変動することがわかる。

2 資金移動と為替レート

　購買力平価説が教えるように、各国の通貨価値は相対的な物価水準によって為替レートが変動し、調整されることをみた。そしてこの場合、物価水準は通貨量に直接影響を受けると考えている。つまり、例えば通貨量が増加した場合、その影響は様々な波及経路を経て、最終的に物価水準を高める効果があると考えられている[28]。しかし、この波及経路も含めて、物価の変動メカニズムは複雑である上に、通貨量の変化と物価水準の変動の間には、ある程度の時間的なずれ（ラグ）が存在することが知られている。

　また、通貨価値は当該国間の相対的な物価水準の変化がなくても、投資家等による各通貨の需給に基づく売買が起これば、為替レートは変化することが知られている。この点について以下でみてみよう。

　通貨はどの国でも（理論上）金利は付かないので、保有している状態では収益がなく、機会損失を招くことになる[29]。そのため、"一般に"投資家等は通貨のままにせずに、債券などの金融商品を購入することになる[30]。しかし通常、債

券を購入するには当該債券を発行している国の通貨でないと購入できない[31]ので、例えば日本のように金利の低い国において当該国通貨（例えば、「円」）によって購入できる債券は、日本国内で発行した円建て債券に限られるため、低い金利の債券しか購入できないことになる。ここで低金利国の債券金利が低いのは、低金利国では一般に収益機会が少なく、あったとしても"低い収益機会"しかないことから、高い金利をつけてまで債券を発行しようとするような企業が少ないからである。したがって、逆に言えば、債券の市場金利が高い国というのは、高い収益機会があるということになる[32]。ここから、低い収益機会しかない国（低金利国）の通貨は、「高い収益機会のある国（高金利国）の通貨と交換したい」と考えるのが普通なので、低金利国通貨は"売られ"、高金利国通貨は"買われる"ことになろう。それゆえ、低金利国通貨は下落（つまり、通貨安）し、高金利国通貨は高騰する（つまり、通貨高になる）ことになる。このように対外的な通貨価値もモノの値段のように需給関係で変化するのであり、通貨価値の需給に直接関係するのが"金利[33]"なので、金利を「通貨の値段」と考えることができる[34]。

　以上から、短期の為替レートの場合には「金利」が重要になることがわかる。この場合、通貨は「高い金利を求めて流れる」という性格があるので、相対的に低金利である国の通貨は、高金利の国へ流れることになる。

　同様に、相対的に低金利の国は収益機会が少ないなどの経済状態にあると考えられ、景気が悪い状態であるということになる。一方、相対的に高金利の国は収益機会が多いなどの経済状態にあると考えられ、景気が良い状態であるということになる。つまり、景気が良い国ほど金利が高いので通貨価値が高くなるのである。

　さらに、このような現象は現時点の状況においても起こるものの、"将来の予想"という場合であっても、その「予想に基づいて資金が移動する」こともある。つまり、日本のように企業の収益機会が少ないような国では、当面の金融情勢を考慮しても、債券金利が上昇する状態にはない（と考えられる）ため、現状の為替レートを維持するか、もしくは、円安方向に動くものと予想されることが多いことになる。なお、物価水準においても、現状、変化がない場合でも、

将来的に物価が上昇するという予測が高まると、その国の通貨価値は相対的に低下すると予測されたのと同じであることから、為替レートは当該国通貨価値が低下する方向に為替レートがシフトすることになる。

3 現在の通貨価値

　以上のように金の裏づけがなくなった各国通貨は、当該国における購買力を背景にして、独自に通貨価値を持つことになり、購買力平価説が教えるように、為替レートによって各国の通貨価値は調整されることになる。ただ、物価水準の変動が現状ない場合でも、各国間で景気格差や金利格差が発生すると、資金運用等に伴うクロスボーダーな（国境を跨いだ）資金移動により為替レートを通じて各国の通貨価値は調整されることになる。

　したがって、現在の各国の通貨価値は、金のようなある一定の価値をもとに決定しているのではなく、各国経済状態の相対的な状態および予測を背景にして、為替レートによる調整によって成立しているといえるのである。

【注】
1）ここでは「金属の貨幣」が「紙幣」になっていく仕組みについての理解を深めることを目的としている。したがって、本章で述べられていることは「ゴールドスミス・バンカー」を題材にしたモデルであり、正確な歴史的な検証を試みる目的はなく、仕組みの理解を優先している。なお、ゴールドスミス・バンカー等の歴史についてはモーガン（1990）が詳しい。
2）そもそも「ポンド」とは重さの単位である。
3）当然利子を支払うことになるが、ここでは単純化のため、利子については議論をしない。
4）モーガン（1990）前掲書p.17引用
5）モーガン（1990）前掲書p.18参照
6）ただし、当該受取書の真偽については丁寧に調べることになると思われる。
7）この場合、どの程度を準備として残すかという問題があるが、この点については後に議論をすることにする。ただ、ゴールドスミスが保有している金は、いずれは返金されるものなので、消費するのではなく、あくまでも貸付のように返金されるような用途に使用すべきであるという点には注意が必要である。
8）モーガン（1990）p.58引用。
9）この詳細についてはモーガン（1990）第3章および第9章を参照のこと。
10）つまり、ゴールドスミス・バンクの受取書に相当するものである。ここで「等」とは「同

行宛の小切手」も含むことを意味している。
11）モーガン（1990）p.213引用
12）当時のイングランド銀行が履行した中央銀行の機能の詳細はモーガン（1990）p.213を参照。
13）この「論争」では「通貨学派」と「銀行学派」に分かれ、それぞれの意見を主張して対立していた。この点については日高（1988）などを参照のこと。
14）銀行法の内容については日高（1988）を参考にした。なお、「ピール条例」の具体的な内容は保証準備として「最初は1400万ポンドに制限され」、「残りのすべての銀行券については1標準オンスにつき3ポンド17シリング9ペンスで金を買い、銀行券と引き換えに金貨を支払わなければならなかった」（モーガン（1990）p.20）とされていた。
15）モーガン（1990）p.169参照のこと。
16）モーガン（1990）p.21参照のこと。
17）この詳細についてはモーガン（1990）p.174参照のこと。なお、大戦終了時において世界の貨幣用金の3分の2を米国が保有していた。
18）詳しくは日高（1988）およびモーガン（1990）などを参照のこと。
19）さらに、大村／浅子／池尾／須田（2004）「平価の上下±1％範囲内での変動は認めるものの、固定為替レートを維持する義務も負っていた」（p.550）。
20）大村／浅子／池尾／須田（2004）p.553参照のこと。
21）紙幣自体の価値は、国内のすべてのモノの価値（つまり、一般物価）との対比で決定されることとなる。
22）「金貨の代わりとして機能するモノ」という意味。
23）モーガン（1990）p.21によると当初は「ランニング・キャッシュ」勘定と呼ばれていたが、後に「当座勘定」と呼ばれた勘定になっていたようである。
24）貨幣（正貨）そのものではないものの「一般的受領性」を持って正貨の代用物として市場で流通するモノをここでは「通貨（流通する貨幣）」と呼ぶ。
25）この点に関して、現在、実質的には米ドルが基軸通貨として機能しているが、これについては本書のテーマから離れることになるので、ここでは省略する。
26）米ドルなどの外貨でも購入が可能である場合もあるが、常に外貨が邦貨と同様に貨幣として通用するとは限らないため、一般的受領性があるとはいえない。
27）これは一般に「Xが上がった」と考えることになるが、逆に「（日本の通貨である）円」の「Xを買う力」が低下したと考えることも可能である。
28）フィッシャー方程式による。
29）通貨のままではなく、他の金融商品で運用しておけば利益があったのに、得るべき利益を「逃してしまった」ということである。
30）ただし、いわゆる「流動性の罠」に陥っている場合や市場において「流動性」を過度に選好する場合には、債券にするのではなく、通貨のままで保有することがあり得る。

31）場合によっては、「他国通貨建て」で発行する債券もあるが、ここでは単純化のため触れないことにする。
32）ここでは「地政学的リスク」「財務状況等に関するリスク」などといわれるものについては考慮していない。この点に関しては、為替レートの決定要因としては重要なテーマであるが、本書の研究領域から離れるためここでは省略する。
33）正確には、当該国の債券市場金利である。
34）市場金利の低い国の通貨のことを「安いおカネ（または『安い通貨』）」という言い方をする時がある。

第Ⅱ部　金融政策における銀行の役割

第3章 金融取引と銀行

1. 金融取引の問題点

1 異時点間取引の問題点

　ここまでの議論によって「おカネ」とは、一般に財布にあるおカネ（つまり、紙幣やコイン）だけでなく、預金や小切手（当座預金勘定）も「おカネ」として機能することがわかった。この点については、後の章で「マネー（通貨）」の定義を改めて行うものの、当面の間、しっかりとした定義をしないまま「預金」も含む範囲までを「おカネ」と考え、議論を進めることにする。

　ところで、第1章の3でみたように金融取引を行う場合、取引自体は「現時点」のみで完了するのではなく、取引が「将来時点」をも含めた異時点間に跨るというところに特徴があることがわかった。ここでは「異時点間に跨る」ということについてもう少し深く考察してみる。

　まず、貸し手（A氏）は借り手（B氏）におカネを貸し付け、その証しとして借用証書を受け取る（この借用証書が金融資産である）。そして、おカネを借りたB氏はそのおカネの即時的購買力を利用して自分の欲していたモノを購入することになる。つまり、おカネを支出し、モノと交換されたことになる。これが金融取引開始時（つまり、現時点）における状況である。

　ここで注意すべきことは「借り手はおカネを支出してしまっている」ということである。これは当然であり、おカネを使うためにB氏はA氏からおカネを借り

図3-1　A氏とB氏の金融取引

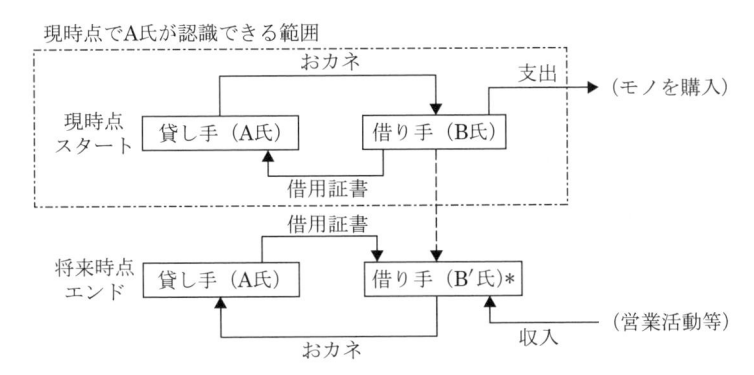

＊　ここで「B′氏」になっているのは、"将来時点のB氏"を表している。

受けているので、おカネのまま保有する目的であれば、そもそも借りる必要はないのである。したがって、少なくともB氏がおカネを借り入れた（つまり、モノを購入した）瞬間において、借りたおカネを返済する能力はB氏にはない。このようなことからA氏は、B氏が借りたおカネを返済することができるようになる時点まで、おカネの返還を猶予しなければならないことになる。そのため、必然的に金融取引は異時点間に跨る取引となる。

ここで「B氏が借りたおカネを返済することができるようになる時点」は「B氏でないとわからない」という点にも注意が必要である。つまり、金融取引のエンド時点でA氏がおカネを返金してもらうためには、その時点でB氏が返済するためのおカネを保有している必要があるが、その時点で返済するためのおカネを持っている可能性について知り得るのはB氏自身以外に存在しない[1]。さらに、金融取引開始時点で対面しているB氏はあくまでも"その時点（現時点）のB氏"であり、返済時点（つまり、エンド時点）のB氏とは生物学的な観点では同じでも、経済状況や心理状態を考慮すれば、発言や行動において「同じではない」という場合もあり得る。

以上より、金融取引開始時点でA氏が認識できる範囲は、"その時点（現時点）のB氏"の発言とそれを証しとする借用証書の受け取りだけであり、それによってA氏はおカネをB氏に貸し出すことになる。ところが、実際にA氏が返済を受ける将来（金融取引の終了）時点でおカネを返してくれるのは"将来時点

のB氏"であり、借用証書にある契約通りにおカネが返ってくるか否かは"将来時点のB氏"にかかっているということになる[2]。

2 資金余剰主体と資金不足主体

このように金融取引には「異時点間取引における問題点」があるが、事後的[3]な意味での資金余剰主体と資金不足主体の間では、実際に金融取引がなされている。

つまり、資金不足（赤字）主体とは、ある期間内において入ってきたおカネ（可処分所得）よりも支払ったおカネ（消費支出）の方が多い主体のことをいうのであり、当該期間においてこの主体はおカネを借りているのである。他方、資金余剰（黒字）主体とは資金不足主体とは反対に、ある期間内において入ってきたおカネ（可処分所得）よりも支払ったおカネ（消費支出）の方が少ない主体のことをいうのであり、当該期間において「すぐに使う必要のないおカネ」を他の主体に貸し付けている主体なのである。

ここで閉鎖経済[4]を想定した場合、当然のことながら、事後的な資金の不足額と余剰額は同値になっているのであり、もし、資金余剰主体が期間中に貸出等を少なくしていた場合には、当該資金の受け手である資金不足主体は借りることができなくなるので、事後的な資金の不足額と余剰額は少ない額になる。例えば、家計（資金余剰主体）が当該期間中に余剰になるだろうと予定していた資金の一部をおカネのままで保有した場合には、企業（資金不足主体）が当初予定していた資金調達を実行できなくなるため、設備投資等が減退し、設備投資関係企業の売上がその分少なくなることで、マクロ経済的な所得が減少し、家計が予定していた余剰資金は発生せず、貯蓄のために残してあったおカネを使用せざるを得なくなり、事後的な資金の余剰額と不足額は少ない額になる[5]。

ただ実際には開放経済であり、金融機関が存在するため、ある一定の金額はおカネのまま、つまり、即時的購買力を保持したまま手元に置くことは可能である。とはいえ、おカネのままに保有している金額が多くなれば、その分、資金不足主体へ流れる資金が減少し、社会的な厚生（効用水準）を低下させることになる。

3 貸し手と借り手の不一致

　ところで、家計のような資金余剰主体（つまり、「貸し手」）は、資金が余剰状態にあるといってもおカネが不要であるのではなく、単に「即時的」な部分が当該期間において必要がなかっただけである。したがって、一般的に「即時的な部分は必要がない」といっても、購買力自体は失いたくないと考えているはずである。そのような中、将来のことは誰にもわからないことから余剰になったおカネをすべて貸付等に回すことはなく、さらに上述のような異時点間取引における問題点も存在する。そのため長期間にわたる金融取引は避けたいと考える主体が多いと思われる。以上から、一般に貸し手は「安全」で「短期」の貸出を望むものと思われる[6]。また、家計の余剰資金は、企業の資金ニーズからみれば「小口」であり、貸出等の際に借り手に対して要求する条件も様々であると考えられる。

　他方、企業などの資金不足主体（借り手）が設備投資等のために資金を借り入れようとする場合、そのおカネで生産手段を購入することになるが、当該資本設備が実際の企業収益に寄与するようになるには、それなりの期間が必要である。また、その収益自体もその時の経済情勢等によって大きく変動する上、資本設備は容易に資金化できない（つまり、売却できない）ため、資金返済の期日までの期間は長いほうが望ましいはずである。この場合、長期の方が収益機会も増えるということも考えられる。さらに、資本設備等は非常に多額であるがゆえに、資金調達自体にも費用がかかるため、企業としては同じ借入条件で一時期に「大口」で借り入れたいと考えるのが一般的であろう[7]。

　このようにみてくると、一般的にも、貸し手の思惑（「安全」「短期」「小口」）と借り手の思惑（「変動あり」「長期」「大口」）に大きな隔たりがあることがわかる。また、ある家計が資金余剰であったとしても「おカネに余裕がある」ということを公言することはほとんどない。さらに、借り手においても資金調達が本業ではないことから、彼らを結びつける仲介者がいない状態で、両者が出会う可能性はほとんどないと思われる。

2．金融ルートと金融機関

1 金融取引開始に至るプロセス

　このように貸し手と借り手にはおカネの貸借についての思惑において大きな隔たりがあることがわかった。そのような中、取引が実施されるためには、いくつかのプロセスを経る必要がある。ここでは借り手が貸してくれる相手を探すという場合を考えてみよう。

(1) 取引相手に対するアプローチ

　当然のことではあるが、取引する場合には取引相手を見つけ出す必要がある。とはいえ、貸し手である家計の個別情報を入手することは難しく、単純に呼びかけるだけでも非常な費用と時間が必要になる。しかも、単純な呼びかけにより、正確な情報を得ることのできる可能性も少ないという困難がある。

(2) 取引条件の不一致

　ここで仮におカネを貸してもよいという主体が見つかったとしても、おカネの貸借についての思惑、つまり、期間、金額、また、利子や元本の安全性等に関する両者の考えが一致するという確率は非常に低いと思われる。それに加えて、主な資金余剰主体である家計の個々の資金余剰額は、企業である資金不足主体が想定している金額に比べれば非常に小さいものなので、多くの主体から資金を調達する必要があるという問題もある。そもそも貸してくれる主体をみつけるだけでも困難であるのに、多くの主体からかき集める必要があることから、仮に、多くの違った種類の条件を提示してしまうと、手続き的にも煩雑になり、コストも多大になってしまうという困難がある。

(3) おカネ等の送入金等に関する問題点

　ここで多くの主体と貸借契約が結ばれたとしても、実際におカネを受け取ったり、借用証書（金融商品）を渡したりする必要があり、それには手間と費用

がかかる。しかし、事業会社は資金調達を業として行っているわけではないので、そのためだけに人員を配置したり、必要な部局を創設することになれば、そのこと自体が非常に大きな負担となる。

2 異時点間取引特有のコスト

他方、金融取引の場合には、取引が現時点だけで完了しない、つまり、「異時点間に跨る」ということに起因するコストがかかる。例えば、代表的なものとして、以下のようなコストが考えられる。

① 審査コスト

金融取引は将来に跨っているため、貸し手が現時点で将来に当該借入金を返済する能力等があるのか否かを審査する必要がある。ただし、返済能力等の審査には専門的な知識が必要であることから、多大なコストになる可能性がある。

② 監視コスト

貸し出す際に審査をしていても、実際に返済される時点まで放置した場合、借り手の状況が変化している可能性がある。その変化の兆候を見逃すと安全に返済されなくなる可能性が高くなろう。それゆえ、貸し手は借り手の状況に変化がないか否かについて、常に監視する必要がある。しかし、常時監視をするとなると非常に大きな負担になることが予想される。また、常時でなくても監視をするためには専門知識やそれなりの人員が必要になり、多大なコストになる可能性がある。

③ 調査コスト

借り手が実際には返済する意思があったとしても、将来時点の経済動向は不明であるため、不可抗力的に返済できない可能性もある。このような問題を軽減するためには、現時点の情報を収集・分析することで将来時点の予測精度を高める必要があろう。しかし、このような調査についても情報収集・分析にかかる費用が必要になるとともに、専門知識やそれなりの人員が必要になり、多大なコストになる可能性がある。

3 金融機関の存在と金融ルート

このように金融取引には様々な困難がある上に、多大なコストが必要になることから、当事者同士だけでは取引に至らない場合が多い。そこで必要になるのが金融機関である。金融機関は、金融取引における困難やコストを軽減したり、取引が円滑になるように機能する主体である。したがって、小口の純粋な個人的な金銭貸借を除いて、金融取引では金融機関が関係することになるが、この場合、直接金融ルートと間接金融ルートの2つに大きく分かれることになる。

(1) 直接金融ルート

ここで直接金融ルートとは、資金余剰主体（最終的貸し手）と資金不足主体（最終的借り手）が、直接におカネをやり取りする資金ルートのことであり、この場合、おカネおよび本源的証券[8]は、直接、最終的貸し手と最終的借り手の間でやり取りされることが特徴である。したがって、ここでは金融機関自体がその金融ルートの中に入り込むのではなく、最終的貸し手と最終的借り手の間のやり取りをスムーズにすることが主な役割となる。このような役割を主な業務としているのが金融商品取引業者（以下、証券会社）である[9]。

ここでは発行市場[10]における証券会社の業務をみてみよう。

発行市場とは、最終的借り手である事業会社等が資本設備等の設備投資を行うために、社債や株式等を新たに発行することで資金調達をしようとする場合の市場である[11]。ただ、事業会社は当該証券（つまり、社債や株式など本源的証券）を自己で売り捌くのではなく、証券会社に委託する。

売り捌きを委託された証券会社は、適合性の原則等[12]に照らして問題のない新規および既得意の顧客に対して、当該証券についての条件などを電話や手紙、外交または来店してもらうなどの方法により、勧誘を行う。このような方法によって証券を売り捌くことは、非常に手間がかかるとともに、勧誘をした顧客がすべて購入することはなく、断られることが多いのも事実である[13]。しかし、断られたとしても当該証券における条件が合致しないために購入しなかったよう

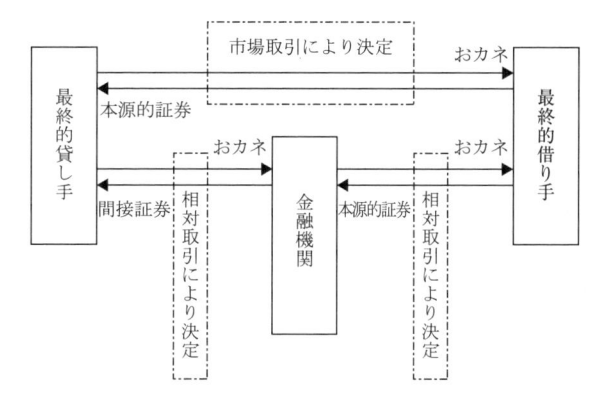

図3-2　直接金融ルートと間接金融ルート

な場合には、別の機会に売り捌くことになる証券の条件に合致する可能性があるので、データとして保存する。

　このように地道な勧誘行動を行うことによって作成された顧客台帳は、長い年月とともに非常に有効な顧客情報が詰まったものになり、継続して証券の売り捌きをする証券会社にとっては貴重な情報源となる。このような貴重な顧客情報を持った証券外務員の存在により、売り捌き行為が低コストでできるというのが証券会社の利点である。また、このような顧客情報をもとに顧客の新しい証券に対する需要を予測することも、ある程度可能になるので、発行会社が資金調達を行う場合に適切な助言等を行うができ、証券の売り捌きも効率的なものとなると考えられる。

　以上のように、一時的な勧誘行為では得ることはできないが、証券会社は様々な証券を繰り返し売り捌くため、独自で、しかも、非常に精度の高い顧客情報を生産することができる。このような情報を利用することによって、低コストで最終的貸し手と最終的借り手を結びつけることが可能になる。

　このようにして証券会社は発行企業から委託された証券を顧客に売り捌くことが可能になるのである。しかしこの場合、証券会社は顧客から証券買付代金を受け取るものの、当該代金はすべて発行会社に渡され、証券についても発行会社から証券会社を通じて顧客に引き渡される[14]。つまり、証券とおカネは、証券会社が間に入るとはいえ、すべて当事者間のやり取りになっているのであり、

その意味で最終的貸し手と最終的借り手における「直接金融ルート」なのである[15]。したがって、証券会社は金融ルートそのものに関与するのではなく、証券の仲介者として機能しているという意味で、証券仲介機関と呼ばれることがある[16]。

なお、直接金融ルートによって得た証券は流通市場で売買できるが、それにもとづく損益はすべて投資家（つまり、最終的貸し手）に帰属することになり、勧誘した証券会社は負担しない。また、ここで証券会社が扱うことができる証券は、発行後、流通市場で売買されることになるため、均一的に分割された有価証券に限られるとともに、当該有価証券は金融商品すべてのうちでも、客観的な意味で信用力が高いものである必要性があるため、極めて限定的な金融商品になっている[17]。

(2) 間接金融ルート

もう一方の金融ルートである「間接金融ルート」は、直接金融ルートとは違い、最終的貸し手と最終的借り手の間に金融機関が介在することに特徴がある。この場合、金融機関とは事業会社のように借りたおカネを設備投資等に支出するのではなく、他の主体に貸し付ける（又貸しをする）ために資金調達をするような主体を指し、最終的借り手が発行する本源的証券と区別するため、金融機関が発行する証券を「間接証券」いう[18]。ここで、「間に金融機関が介在する」という意味は、最終的貸し手が最終的借り手の本源的証券を購入するのではなく、最終的貸し手が金融機関の発行する間接証券を購入し、金融機関は最終的貸し手から得たおカネを使って、最終的借り手の本源的証券を購入するという形になっている。

このことから、最終的貸し手のおカネは金融機関を通して最終的借り手に流れていることにはなるが、金融機関が間に入ることで資産としての性格が変わることになる。これを金融機関の「資産変換機能」という。

例えば、投資信託の場合、最終的貸し手（つまり、受益者）と最終的借り手（上場企業）の間に投資信託委託会社（以下、投信委託会社）という運用の専門機関が入る[19]。投信委託会社は投資資金を集めるために受益証券といわれる間

接証券を発行する。これによって集めた資金を使って上場有価証券を購入する。

ここで仮に、1口100万円で100人から資金を集めれば1億円になる。この1億円を使えば、株価が1,000円で単元株が1千株である銘柄を100銘柄分購入することができる[20]。つまり、本来100万円では1銘柄しか買えない（1千株が単元株なので1,000円の株価であれば、最低100万円が必要になる）のに対して、投資信託の受益証券にすれば、100銘柄に分散投資できる。分散投資をした場合、単独で投資をするよりも、一般にリスク軽減効果があるとされているので、最終的貸し手が単独で1銘柄（100万円＝1,000株×1,000円）に投資するよりも、当該投資信託の受益証券（100万円分）を購入したほうが、リスクが軽減されることになる（分散投資のリスク軽減効果については《コラム1》を参照）。

この例からわかるように、最終的貸し手である受益者のおカネで有価証券を買っているものの、金融機関である投信委託会社が間に入ることによって、小額投資では享受できなかった分散投資効果を得ることができ、資産としてのリスク・クラスを変化させたことになる。これを投資信託による資産変換機能という[21]。

コラム1：ポートフォリオ効果

ここに「傘を販売する会社（A社）」と「遊園地を経営する会社（B社）」があり、ともに株式を上場しているものとする。両者とも収益は天候のみに左右され、天候は「雨が降る」か「雨が降らない」に完全に分かれるものとする。また、その生起確率は50％：50％とする。

なお、A社およびB社の収益率の状況は以下のようになっている。

① 予想収益率

A銘柄は傘を販売しているため、雨が降れば収益が上がるが、降らなければ仕入コストの分だけ損をする。しかし、雨が降るか降らないか（X事象が起こるか起こらないか）はともに50％の確率であるので、予想される収益は5％である。

一方、B銘柄は遊園地なので、雨が降らなければ収益が上がるが、降ればオープンしていることによる人件費や機械を動かす費用がかかるため、そのコストにより損をする。しかしA銘柄同様に、雨が降るか降らないか（X事象が起こるか起こらないか）はともに50％の確率であるので、予想される収益は5％である。

表3-1　A銘柄とB銘柄の期待収益

	X事象（雨が降る）			（期待）収益率
		生起確率	利益	
A銘柄	○	50%	20%	$5\% = 0.5 \times 20\% + 0.5 \times (-10\%)$
	×	50%	-10%	
B銘柄	○	50%	-10%	$5\% = 0.5 \times (-10\%) + 0.5 \times 20\%$
	×	50%	20%	

A銘柄：傘を販売する会社
B銘柄：遊園地を経営する会社
X事象：「雨が降る」という事象
【注】○：X事象が起こること。つまり、雨が降ること．
　　　×：X事象が起こらないこと。つまり、雨が降らないこと．

以上のように、A銘柄もB銘柄もともに予想される収益は5％と変わらない。

② 単独の投資

ここで、200万円持っている投資家M氏がA銘柄しか買わなかった場合を考えてみる。

M氏は、雨が降れば、200万円→20％儲かる→240万円、つまり、40万円（20％）の儲けである。他方、雨が降らなければ、200万円→10％の損失→180万円、つまり、20万円（10％）の損失である。

同様に、M氏がB銘柄しか買わなかった場合を考えてみる。

M氏は、雨が降れば、200万円→10％の損失→180万円、つまり、20万円（10％）の損失である。他方、雨が降らなければ、200万円→20％儲かる→240万円、つまり、40万円（20％）の儲けである。

このように、1銘柄しか買わなかった場合、X事象が起こるか起こらないかにより、収益が大きく変わってしまうことがわかる。

③ 分散投資

では、A銘柄を100万円、B銘柄にも100万円投資した場合にはどうなるだろうか。

雨が降った場合、A銘柄100万円は120万円になり、B銘柄100万円は90万円になっているので、合計200万円が210万円となり、10万円の儲けとなる。つまり、5％の儲け（210万円／200万円×100－100＝5％より）となる。

では、雨が降らなかった場合、A銘柄100万円は90万円になり、B銘柄100万円は120万円になっているので、合計200万円は210万円となり、10万円の儲けとなる。つまり、5％の儲け（210万円／200万円×100－100＝5％より）となる。

以上のように、雨が降るか降らないかに関わらず、5％の収益を得ることができる。このように分散投資することにより、収益の変動を抑える効果があることを、ポートフォリオ効果という。

ポートフォリオ効果の欠点は、上述のケースで雨の降る確率を50％としているが、その確率が変化したり、また、生起確率が変化しなくても、そのときの収益予想が変化すると、期待される収益も変化してしまう。そのような場合には、期待されていたポートフォリオ効果が現れないこともある。

3．情報の非対称性と銀行

1 銀行の特殊性

間接金融ルートでは、金融機関が金融ルートの間に入ることによって、最終的貸し手が保有することになる間接証券のリスク・クラスを変化させることができる。その意味では最終的貸し手が金融ルートに参加しやすくなり、社会的におカネが効率的に活用されることになると考えられる。しかし、最終的貸し手の中には収益率の高さよりも元本の安全性を極めて高く評価する人々が存在する上に、ライフサイクル等からの資産配分（アセットアロケーション）により、ある一定の流動性や安全性を保持することが必要であるとされている[22]。ここで流動性を保持するためには、一般におカネのまま保有する必要があるので、資産変換するといっても対応が不能になる。

これに対応できるのが銀行のような預金取扱機関[23]（以下、銀行等）なので、ここでは銀行等の資産変換機能についてみていくことにする（銀行等は間接金融ルートにおける金融仲介機関の中心的な主体である）。

銀行等は最終的貸し手である預金者からおカネを受け取り、その証しとして「預金」という間接証券を渡す。そして、集めたおカネはそれを使って最終的借り手である事業会社等に貸し付けることになるので、事業会社等からは借用証書という本源的証券を銀行等が受け取る。

ここにおいて銀行と預金者とは相対（あいたい）で取引をするので、個々の預金者の都合

に合わせることが可能である[24]。つまり、例えば1年や2年使う必要性のない資金であれば、定期預金のように普通預金よりも高い金利を提供することができるし、明日にも使う必要性のある資金であれば、普通預金として預かることができる[25]。普通預金であれば、いつでも好きな時に下ろすことが可能なので、預金者としても流動性を確保できる。また、預け入れの開始についても（投資信託の募集時のように）他の主体との兼ね合いがないので、個々の預金者ごとに自由に決めることが可能になる。

　さらに、銀行等の場合、投資信託とは違い、預金は銀行の「完全な負債である」という点にも注目すべきである。つまり、預金者は銀行等との契約によって金利を決めているのであり、そのおカネを使って銀行が失敗しても、その影響は預金者に及ぶことはない[26]。逆に言えば、銀行は最終的借り手に貸し出す際に、預金者へ相談する必要がないし、投信委託会社（が受益者のために努力するという意味）とは違って銀行が「預金者のため」ということを考える必要がないのである[27]。したがって、借り手企業等との取引においても相対（あいたい）で交渉ができることから、借り手企業としても個別的な条件を提示しやすいというメリットがある。これは金額や融資のタイミングについても融通が利くということであり、その決定は銀行等の裁量で行うことができるのである。

　また、相対（あいたい）取引であるということにより、借入資金使途についての秘密が保持されるということも大きなメリットの1つになる。つまり、直接金融ルートにせよ、投資信託にせよ、市場取引を基本としている金融ルートの場合には、投資家や受益者に対する情報開示が最も重要になってくる。それなくしては市場等の信頼を得ることができないからである。しかし、資金調達における資金使途を公開すると、それによって新商品や新開発等、ライバル会社には知られたくない情報も公開されてしまう可能性があり、資金調達自体を断念せざるを得ないことにもなる。他方、銀行等からの借入であれば、その情報開示は当該銀行等のみに限られ、また、銀行等は預金者へ当該情報を伝える義務もないので、他に漏洩する心配がない。それゆえ、借入企業は銀行等に安心して情報を伝達することができるので、銀行等においても良質な企業情報を入手できるというメリットを得ることができるのである。

このように銀行等は金融ルートの中でも特異な存在であるといえるが、投資信託や保険会社などと最も大きく違うのは、間接証券として最終的貸し手に渡している預金が、ゴールドスミス・バンカーの発展の歴史でみたように、現在、通貨として流通しているという点にある[28]。

つまり、銀行等との金融取引において最終的貸し手は貨幣である紙幣（またはコイン）を銀行に渡す代わりに、通貨である預金を銀行から受け取ることになるので、おカネをおカネと交換しているに過ぎないということになる。それゆえ、銀行預金に対する信頼に疑問がない状態において、最終的貸し手が、現在、即時的購買力を必要としないのであれば、それがどんなに短い時間であっても、（低いといっても預金金利が付くということから）預金にしておく方が有利であり、社会において喫緊に必要な貨幣だけを手元に置くということで事足りるということになる。したがって、流動性を保持するために金融商品は持てないという主体であっても、預金という金融商品が通貨なので金融取引を行うことができ、それによって、資金は社会的に効率的に機能することとなる。

2 金融取引と情報の非対称性

ところで、ここまでは「貸し手と借り手の条件による不一致」を中心に考察をしてきたが、そもそも金融取引は現時点と将来時点の取引（異時点間取引）なので、現時点の資金の授受だけでなく、将来時点での決済に伴う資金の授受（現時点とは逆の資金の流れ）がなされる必要がある。その際に障害になるのが、「情報の非対称性」という問題である。そこで以下では金融取引における情報の非対称性について解説をし、その後、金融取引における情報の非対称性を軽減する仕組みが、銀行等に備わっている点について考察する。

ここで金融取引を行おうとする場合、資金需要者（借り手）は自ら実行しようとするプロジェクトに対して専門的な知識・情報を保有していると考えられる。他方、資金供給者（貸し手）は資金需要者（借り手）に比べれば、当然、そのプロジェクトに直接関与していないので、知識・情報が少ない。このように金融取引当初から、資金需要者（借り手）は当該プロジェクトにおいて情報優位者であり、資金供給者（貸し手）は情報劣位者になるのである。しかも、金

融取引は借り手が期限満了時に資金を約定通りに貸し手へ返済することで完済されることになるが、資金の返済はあくまでも借り手が行うのであり、返済時点（つまり、将来時点）の借り手における情報についても、借り手（つまり、本人）は情報優位者であり、貸し手は情報劣位者となる。以上より、金融取引においては情報劣位者である資金供給者（貸し手）が情報優位者である資金需要者（借り手）に資金を融通するが、その金融取引が将来において決済（つまり、金融取引の終了）されるか否かは資金需要者の将来時点における状態に起因するということになる[29]。

一般に「モラルハザード（moral hazard）」とは、情報劣位者が情報優位者の行動を監視できないなどの状態にあることを利用して、本来すべき行動や注意を怠ることで他人（情報劣位者）の利益を害するなど、自己の利益をはかる行動のことをいうが、このようなモラルハザードは金融取引において深刻な問題になる。なぜなら、情報の非対称性が存在している場合、企業（資金需要者、情報優位者）が金融取引で得た資金を「どのように使用しているか」について、資金の貸し手（資金供給者、情報劣位者）がすべての期間を通じて、常に、監視することは困難だからである。このような場合、本来企業経営者は、その資金を事業のために使用すべきところ、社長室を豪華にしたり、飲み食いに使ってしまったのにもかかわらず、資金提供者に対しては、事業が失敗したと報告をすることも可能である。また、企業経営者が管理を怠り、借入当初に資金提供者に提示した以上にリスクを取ってしまったために、事業が失敗し、資金の返済ができなくなるなどの可能性もある。

他方、金融取引のように情報の非対称性が存在している場合には、モラルハザード以外にも「逆選択（adverse selection）」と呼ばれる現象が起こる[30]。

例えば、2つのタイプの企業（資金需要者）が存在するとする。

① 安定的な収益をもたらすが、その収益が低いプロジェクトを持つ企業A
② 高収入をもたらす可能があるが、収益の変動（リスク）が激しく、収益がマイナスになる可能性もあるプロジェクトを持つ企業B

ここで、貸し手（資金供給者）は貸出対象の企業がAのタイプかBのタイプかは判断できないとする[31]。そして貸し手は、貸出金利が高いほど、貸し手の

効用が高まるので、貸出金利が高ければ高いだけ「貸出を増加させる」はずである。しかし、企業Aの収入は、安定しているが低位であるため、借入金利（つまり費用）が高くなれば、利潤（収入－費用）が減少し、借入を諦め、プロジェクトの実行もなされなくなる可能性がある。他方、企業Bが銀行借入のような負債契約により資金調達をすると、プロジェクトの成功時でも元利金のみの返済であり、失敗した場合には返済原資がなくなり倒産すればよいと考えているかもしれない。そうすると、借入金利が高くなっても企業Bが想定している期待収益率よりも低ければ（大抵、貸し手の金利は企業が想定している期待収益率よりも低い）、借入を行い、プロジェクトを実施しようとすると考えられる。

以上より、貸出金利を高くすればするほど、Aのタイプの企業は市場から退出し、Bのタイプの企業のみが市場に残る（悪貨が良貨を駆逐する）ことになろう。

3 情報の非対称性を軽減する仕組みとしての銀行

以上のように、モラルハザードも逆選択もともに情報の非対称性に関する現象ではあるが、モラルハザードは借り手の「隠された行動」によって起こるので、締結された後に何らかの対処が必要となる。それに対して、逆選択はある契約（ここでは金融取引）における「隠された知識」によって起こる現象であり、締結前に何らかの対処をする必要がある。そのため、このような問題を抑制するためには、以下のようなことが考えられる。

① シグナル

まず、金融取引において貸し手は、借り手が「安全な借り手」なのか「危険な借り手」なのかを容易には判断できないので、そのままでは資金を提供できないことになる。そのため借り手は自ら、貸し手に対して決済の確実性を示す必

表3-2　情報の非対称性の抑制

	借り手	貸し手
逆選択	シグナル	選別（信用割当）
モラルハザード	開示（ディスクロージャー）	モニタリング

要があり、借り手は資金供給者に対してある種の合図を送ることになる。この合図のことを「シグナル」という。

この典型的なシグナルが「担保」である。

つまり、担保を提供することで、もし、事業が失敗して資金が返せなくなった場合には、借り手は提供した担保を確実に失うことになる。したがって、借り手が想定しているプロジェクトの危険性が高い場合には、当該借り手は担保の提供を拒む可能性が高いことになろう。反対に借り手が想定しているプロジェクトの危険性が低い場合には、当該借り手は担保の提供に対して問題にしないはずである。このように借り手は自ら「担保を提供する」というシグナルを送ることで、貸し手に対して決済の確実性を示すことができる[32]。

② 信用割当

一方、本来貸し手は、高い貸出金利を取れば取るほど利益が多くなるため、なるべく高い金利を要求したいのであるが、高い金利を要求すれば、それだけ逆選択により、安全な貸出先が減少することになる。

そこで貸し手は、あえて貸出金利を低く設定し、安全な借り手を多く募ろうとすることがある。当然、金利が低くても危険な借り手は存在するものの、安全な借り手を集めることもできるので、募集に集まった借り手のプロジェクトをじっくりと調査・吟味して貸出先を絞り込むことで危険な借り手を排除することが可能になる。このような方法により逆選択をなるべく排除しようとする方法を「信用割当」という。

③ モニタリング

このような事前審査と担保等によって、貸出時点では安全な借り手であっても、実際に資金を提供した後、返済までの期間に借り手がどのように行動するかを把握しなければ、本当に返済されるかどうかはわからない。返済されなければ債務が不履行になり、金融取引は完済されないことになる。

これに対しては、最も単純にして、最も難しい手段であるモニタリング（監視）を行うことになる。つまり、支払いまで相手の行動を逐一観察・監視し、し

かも、モラルハザードを起こしそうな場合には、すぐに返済を求めるなどの行動を取れば、モラルハザードは起こらない。しかし、現実的には常に相手に張り付いていることは非常に困難である。

④　ディスクロージャー
　他方、例えば、借り手としても貸し手から資金の使途に対して疑惑を持たれ、プロジェクトの途中で返済を要求されることになると、プロジェクトの継続ができず、ロスが発生することになろう。このような状態を避けるためには、借り手が貸し手のモニタリングに対して協力するとともに、借り手自らがプロジェクト状況を積極的にディスクローズする行動を取ることによって、貸し手のモニタリングが円滑に行われるようになれば、ロスが起こりにくくなると考えられる。

　以上のように情報の非対称性に対しては、それぞれ抑制策があるものの、これを一般の経済主体が行うのはかなり困難である。特に、信用割当やモニタリングについては、物理的な問題もあり、難しいと思われる。

①　信用割当
　審査にはそれなりの能力と費用がかかる。貸し手が「個人」、借り手が「企業」の場合、そもそも審査を行うことができない。

②　モニタリング
　いつモラルハザードが起こるかわからないので、常に監視をする必要があり、事実上難しい上に、かなりのコストが必要となる。

　他方、銀行等の場合には、預金により貸出や振替業務を行っている上に、借り手の預金口座を管理しているので、当該借り手の資金状況については"常に"監視することができる。特にメインとなって当該借り手の資金繰りを一手に引き受けているような場合には、取引関係の状況についても資金の入出金を通じて観察することで、通常業務を行いながら、かなり精緻なモニタリングをするこ

とが可能であるといえる。

　さらに、実際にモニタリングをすることによって得た情報に基づいて、当該借り手の危険性の度合いを推定することができるため、審査をする場合のデータも集まりやすい。また、銀行等は様々な業種に貸出をしているので、当該プロジェクトに対しても、ある程度の基礎的な情報を保有していることになる。このような状態で信用割当の審査をするので、他の主体が行うよりも精度が高まると考えられる。

　しかも、貸出を業として行っているので、審査のみの専門家を養成していることから、低コストで良質な審査が可能である。また、銀行等の貸出は相対取引であり、借り手が公開したくない情報であっても、当該銀行以外には漏れないので、安心してディスクローズできるのである。そのため、資金状態以外のソフト情報も入手しやすいというメリットもある。

　以上より、金融取引における情報の非対称性を軽減する仕組みが、銀行等に備わっていることがわかる。

4．銀行の期間変換機能

1　資金決済

以下では「預金が通貨である」ということについて考察する。
　例えば、ある人物（A氏）がTVショッピング等のように遠隔地にある店舗（B商店）から商品（X）を購入するために取り寄せるというような場合を想定する。
　まず、A氏は何らかの方法（TelやFax、e-mailなど）によってB商店に商品を注文する。注文を受けたB商店は、商品をA氏宅に配送する。この場合、一般的にB商店自身で配送することはなく、配送業者に頼んで届けてもらうことが多い。
　A氏はB商店から商品を受け取るものの、その時点ではおカネを支払っていないとする。この場合、A氏はB商店に対しておカネを支払う義務が生じる。これを「債務」という。逆に、B商店はA氏の注文により商品を送ったわけであり、おカネを受け取る権利が生じる。これを「債権」という。つまり、この時点でA

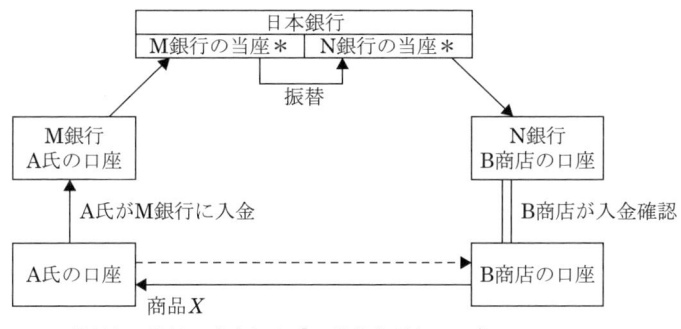

```
                    ┌─────────────────────────┐
                    │        日本銀行          │
                    │ M銀行の当座* │ N銀行の当座* │
                    └────↑────────────────↓───┘
                         │     振替        
           ┌─────────┐                  ┌─────────┐
           │ M銀行    │                  │ N銀行    │
           │ A氏の口座 │                  │ B商店の口座│
           └────↑────┘                  └────↓────┘
           A氏がM銀行に入金            B商店が入金確認
           ┌─────────┐   商品X         ┌─────────┐
           │ A氏の口座 │- - - - - - - ->│ B商店の口座│
           └─────────┘                  └─────────┘
```

　* M銀行とN銀行の当座とは「日銀当座預金」の意

図3-3　銀行振替の方法

氏とB商店は債権債務の関係にあることになる。

　債権債務の関係は、債務者が債権者に対しておカネを渡すことで解消される。これを「決済」という。つまり、債権者が「債務者からおカネを受け取った」と認識した時点で決済されることになる。しかし、A氏がB商店におカネを持っていかないと決済されないのであれば、そもそも遠隔地取引自体ができないことになる。そこで、銀行振替を利用してA氏は債務を返済しようとするのが一般的である。

　銀行振替を利用する場合、A氏はM銀行にあるA氏の預金を利用して、B商店が口座を持つN銀行に送金を依頼したとする（ここでA氏の預金残高が減少する）。そうすると、この時点でA氏の債務はM銀行に移転することになる。そこでM銀行は日銀ネットを通じて同行の持つ日銀当座預金をN銀行の日銀当座預金に振替を行う[33]。日銀当座預金の残高が増加したN銀行は、その時点でM銀行の持っていたA氏からの債務を引き継ぐことになる。そのため、N銀行の日銀当座預金の増加分だけ、同行の顧客であるB商店の預金残高を増加させる。ここにおいてB商店の預金が増加することになるので、B商店が預金残高を認識した時点で、一般的に「おカネを受け取った」と認識することになり、決済が完了する。

　このようにA氏は紙幣等の現金通貨[34]を使わず、また、B商店も現金通貨を受け取っていなくても、預金のやり取りによって「決済」が完了するのである。つまり、預金が通貨として機能したことになる。

そもそも預金とは、法的に言えば消費寄託（借り主が貸し主から金銭や米麦などを受け取り、後にこれと同種・同等・同量の物を返還する契約）であり、預金者は、任意のどの時点でも、自由にあらかじめ決められた比率（普通預金金利分など）で現金通貨との交換が可能である。また、決済システムの完備により、上述のように遠隔地においても容易に、しかも安全で、低コストの送金が可能になることから、あえて現金化する必要はなく、預金を受け取った、または、入金が確認された時点で、当該預金受領者が現金通貨を受領した時と同様に、当該取引が完了した、と認識するのである。

2 決済通貨としての預金

ここで預金とは、銀行の扱う金融商品の中で要求払い預金（当座、普通、貯蓄、通知、別段、納税準備）を指している。これらの預金は、預金者が任意のどの時点でも、自由に、あらかじめ決められた比率（普通預金金利分を含めた比率）で、現金通貨との交換が可能であることから、決済手段として機能するので「通貨」として取り扱われるのである。

他方、銀行等では要求払い預金のほかに、定期性預金（定期預金、定期積金など）も取り扱っている。これらは預金者がそれぞれ決められた期間据え置くことで、あらかじめ決められた金利を受け取ることができる。しかし、期日前であっても当初の定期性預金として定められた金利こそ付かないものの、当該期間の普通預金としての金利は保証されているので、要求払い預金に準じた形で元利金が保証されているといえる[35]。そのため、これら定期性預金等を通貨に対して「準通貨」と呼ばれている[36]。

以上より、預金自身は銀行等の金融商品に過ぎないものの、現金通貨と同様に決済手段として社会的に承認されていることから、通貨としての性格を持つといえる。このように銀行等は、金融仲介機関であると同時に、おカネ、つまり通貨の供給者という役割を持っていることがわかる。そのため、狭義のマネーストック（通貨供給量）とは中央政府や銀行等を除く国内主体が資産として保有する現金通貨と預金通貨を足したものと定義されている。なお、以上より、銀行は自らの発行する債務証書（負債）が、通貨として流通することもわかる[37]。

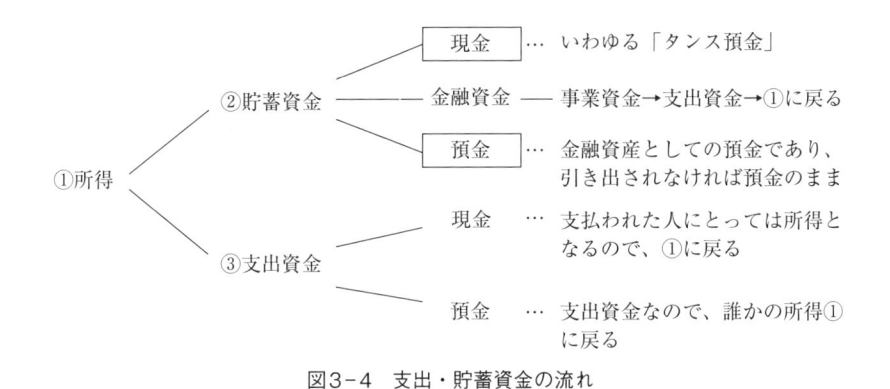

```
                    ┌─ 現金   … いわゆる「タンス預金」
        ②貯蓄資金 ──── 金融資金 ── 事業資金→支出資金→①に戻る
       ／           └─ 預金   … 金融資産としての預金であり、
①所得                              引き出されなければ預金のまま
       ＼           ┌─ 現金   … 支払われた人にとっては所得と
        ③支出資金                 なるので、①に戻る
                    └─ 預金   … 支出資金なので、誰かの所得①
                                  に戻る
```

図3-4　支出・貯蓄資金の流れ

このように預金は通貨として決済手段に使われることから、実際の経済活動において預金を現金に交換するという必要性はほとんどなくなる。

ここである主体に所得が発生したとする。所得は「支出されるか／支出されないか（貯蓄される）」しか使途はないので、まずは「支出される」という場合について考察しよう。この場合、当然のことながら「所得が発生した」とは、その時点で通貨性資産を得たという状態を意味し、その状態で「支出する」とはモノを購入するということなので、通貨性資産（現金通貨であっても、または預金通貨であっても）はそのまま取引相手先に手渡されることになる。そしてその後、当該取引相手先は通貨の移転によって所得が発生するので、当初に戻ることになる。つまり、所得が「支出される」という方法で移転する場合に、現金通貨であっても、預金通貨であっても問題はなく、預金通貨をあえて現金通貨に交換する必要性はないということになる[38]。

次に「支出されない（貯蓄される）」という場合について考えてみよう。この場合、手元に通貨性資産を保有しているが、「モノを購入する」という必要がない状態なので、他の主体に貸し付けるなどの方法によって通貨性資産を移転させるということが考えられる。つまり、金融取引によって、通貨性資産を金融資産に交換するということである。この交換において、借り手はモノを購入するために借りているのであり、そのままの形（つまり、通貨性資産のまま）で保有し続けることはないことから、現金通貨であっても、預金通貨であっても問題はなく、預金通貨をあえて現金通貨に交換する必要性はないということになる。同様に所得

が発生した時に預金のままにしておく（現金通貨で保有しているものを銀行等に預け入れる）という場合、その預金を現金に交換する必要性はないであろう。

他方、場合によっては所得が発生した時に現金のままにしておく（預金通貨で保有しているものを、わざわざ銀行等から引き下ろして現金で保有する）ということもあり得る。この場合には預金は現金に交換されることになる。このような現金通貨のことを一般に「タンス預金」というが、今まで見てきたように「タンス預金」にする場合（および、小口取引のため現金でしか決済ができない場合）以外で、預金を現金通貨に交換する必要性は存在しないことが明らかになった。つまり、預金は決済手段であると同時に貯蓄手段でもあるので、ほとんどの資金は、預金の形態のままで保有されることになる。

3 期間変換機能

このように預金形態の資金は、預金のままで市場を流通することがわかった。したがって、預金は決済性資金として移転を繰り返すので、概して1つの銀行に留まることは少ない。ところが、銀行では数多くの預金者と取引があるので、通常の経済状態において1つの銀行に出金が集中する可能性は低く、入出金の割合は常に数学的に求められる割合に極めて近いものになる[39]。また、決済システムが日銀ネットというネットワークで結ばれていることから、ここでも通常では1つの銀行に送入出金が集中する可能性も低く、送入出金も常に数学的に求められる割合に極めて近いものになる。加えて、定期性預金についても数多くの預金者から預かっているため、満期時点が一時期に集中する可能性も少なく、解約についても数学的な確率に極めて近いものになる。

このように、預金はいつでも現金化することができるという特性と、預金をする人や引き出す人が多数訪れる上に、送入金および送出金が多数なされることから、通常ある一定の割合がいつも「底溜り」として銀行に残ることになる。このような底溜りはゴールドスミス・バンカーの時と同様、長期資金を必要とする最終的借り手に貸し出すことが可能になる。

以上より、預金者はいつでも貨幣である現金通貨と交換が可能で、しかも、決済資金として利用できるということで銀行に現金通貨を持ち込み、預金してい

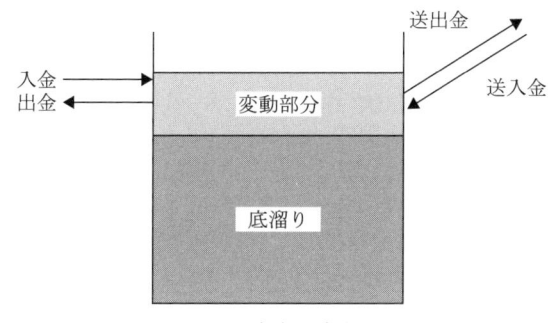

図3-5 銀行の底溜り

るのであり、銀行サイドからみれば超短期の資金調達である。しかし、預金の通貨としての性格と日銀ネットのようなネットワークによって、銀行には恒常的に底溜りが発生するので、長期の資金を必要とする借り手に資金を提供することが可能になるのである。このような銀行の機能を「期間変換機能（「短期で借りて長期で貸す」という機能）」という。

【注】
1) この場合、法的な問題は別にして、おカネを「返済の意思については本人しかわからない」という意味も含めている。
2) ここで法律的には当然「返済義務がある」ものの、法的な裏づけがあっても経済的合理性がない場合には返済されない可能性があるということを述べているだけである。
3) 資金余剰や資金不足という概念はフローの統計であり、ある期間内における各主体の経済活動の結果生まれたものであり、その意味で「事後的」なのである。
4) 海外との取引をせず、国内取引だけの経済をいう（反対は「開放経済」である）。
5) ここも閉鎖経済を前提としている。また、金融機関の存在も捨象してある。
6) これは主体により様々な考えがあるので、違った考えを持った主体が存在するのも事実であるが、家計等の資金余剰主体は、ファイナンス理論において危険回避型の選好がある主体としていることから、一般論としては問題がないと思われる。
7) 企業も資金調達について様々な考え方があるので一概にはいえないものの、一般論としては問題はないと思われる。
8) これは借用証書にあたるものなので、単に「証券」でもよいが、次に出てくる間接金融ルートで2通りの証券が登場するので、ここでは明確化のため「本源的証券」としてある。
9) 証券会社は主に以下の業務を行うことになっている。
   ・委託売買業務（ブローカー）
   ・自己売買業務（ディーラー）

・引受業務（アンダーライター）
・募集／売出し業務（ディストリビューターまたはセリング）
　ここでは募集／売出し業務のみを説明し、その他の詳しい説明を省略する（その他は大村／浅子／池尾／須田（2004）、池尾／岩佐／黒田／古川（1993）などを参照のこと）。
10) 発行市場の他に流通市場が存在する。発行された証券（ここでは社債とする）は、それによって得た資金で発行元の企業が設備投資などで支出していることから、一般に満期になるまで償還されることはない（しかし、例外として期日前に償還される特殊な債券などもある）。また、株式はそもそも償還というものがないので、発行市場しかない場合、資金化できないことになる。そこで、既発行の証券を2次、3次と流通させるための市場（流通市場）が開設されることになるのであり、ここにおける証券会社の役割は重要である。しかし、ここでは銀行の仕組みが主テーマなので、流通市場における証券会社の役割については省略する。
11) 具体的な取引所のようなものがあるわけではない。
12) この点については証券業協会『証券外務員必携』等を参照のこと。
13) もし、すべてを売り捌けなかった時には、ここでは募集／売出業務を前提にしているので、残った分は当該発行会社に戻し、証券会社では引き受けないこととなる。他方、引受業務（アンダーライター）の場合には、たとえ、売り捌くことができなくても発行会社に戻すことはなく、当該証券会社が引き受けることになる。
14) 実際には、国債決済振替制度や証券決済制度などによって、証券保管振替機構等に寄託されることになる。
15) 証券会社は証券の代金とは別に当事者から委託手数料を受け取っている。
16) このことから狭義の「金融機関（つまり、金融仲介機関）」としては証券会社を含めない場合もある。
17) 「有価証券」の範囲は金融商品取引法によって定められている。
18) このように金融ルートに完全に入り込んでいる金融機関を、特に「金融仲介機関」という場合があり、これは「証券仲介機関（つまり、主に証券会社を指す）」と対比される言葉である。また、金融仲介機関のことを狭義の「金融機関」という場合がある。
19) ここで投資信託の販売に証券会社が介在するが、これは受益証券の販売に関与しているだけであり、金融ルートに入り込んでいるのではないことには注意が必要である。
20) 単元株とは取引単位の株数のことであり、通常、株式投資をする場合の最低取引単位となる株式数のことである。また、ここでは手数料等は考慮していない（以下も同様である）。
21) 保険会社も保険証券という間接証券を被保険者に販売し、その資金を運用に回すという意味では資産変換機能を持つ。変換された資産の内容や仕組みは、今回の投資信託とは大きく異なる。つまり、間接金融ルートの場合、金融機関はそれぞれ資産変換機能を持つものの、その変換後の内容や仕組みが異なるため、いろいろな金融資産が生まれることになる。
22) ライフサイクルとの関係で金融資産をアロケーションする場合、大きく流動性資産および安全性資産、成長性資産の3つに分類すべきであるとされる。ここで流動性資産とは通常の

生活において緊急の場合にでも対応できるようにしておくための資金であり、通貨性資産で保有することが必要である。また、安全性資産とは自分のライフステージにおいてある程度の確からしさで支出が決まっているような資金であり、通貨性資産である必要はないものの、当該金額をできるだけ下回らないような運用をするように求められることから、期間を考慮して債券等で運用すべきであるとされている。他方、成長性資産とは現状において資金化する必要のない資金（つまり、流動性資産でも安全性資産でも該当しないことが重要である）を指すのであり、ある程度リスクを取ることのできる資産として長期的な人生計画を前提に積極的に運用すべきであるとされている（この場合の「積極的」とは自分のリスク容認度などを考慮してあることは言うまでもない）。

23) 日本銀行の資金循環統計では預金取扱機関を銀行等（国内銀行、在日外銀）、農林水産金融機関、中小企業金融機関等、郵便貯金、合同運用信託と定義している。

24) 「相対（あいたい）取引」、つまり1対1の取引という意味である。反対語は「市場取引」である。

25) また、多額のおカネを預金にする場合には、当該銀行の裁量で金利を自由に設定できるので、交渉が可能である。

26) ここでは投資信託のように預金者が自己責任原則を求められることがないという意味である。ただし、預金が1,000万円以上で、当該銀行が破綻した場合には、自己責任原則により、預金であっても戻ってこない場合がある。

27) これは預金者のことを無視または軽視しているのではない。投資信託との対比をしているだけである。つまり、投資信託の場合には、信託財産は受益者のモノであり、投信委託者は善意なる管理者としての義務を負っているため、常に受託者の利益を最優先に考えて行動を取ることが求められている。一方、銀行預金は金銭消費貸借契約なので、当該金銭の運用の責任は銀行が負うことになるということをいっているに過ぎない。

28) 預金には普通預金や定期預金があるが、ともに預金である限り、元利金が保証されている（ただし、1,000万円まで）。この場合、保証しているのは、第1次的には当該銀行であるが、もし、その銀行が破綻した場合には預金保険機構が代わって支払いに応じることになる（もし、それでも支払いきれない場合には日本銀行が預金保険機構に対して緊急に融資を行うことになっている）。ただし、外貨建て預金等の場合はこの限りではない。

　また、「預金」というものが「間接証券」であるといっても、「証書なるものを受け取ってはいない」と考える人が多い。しかし、預金の場合、「証書」のような形ではなく、預金通帳等における預金残高の明細の「最新の日付になっている預金残高の行」そのものが、間接証券の役割をしているのである。つまり、新しく入出金すれば、その都度、預金残高が変わるので、現在すぐに引出しが可能なのは「最新の日付になっている預金残高の行」にある金額であり、それを証としているのである。

29) 当然、法的には借り手は返済を強制されるのは当然であるが、現在社会においては「破産」という手続きがあり、経済的な意味において返済が不能になる可能性がある。

30）逆選択は金融取引のみに特有のもではなく、情報の非対称性が存在する場合に起こる現象であり、有名なものとしては「中古車市場（レモン市場）」などがよく例にあげられるが、ここでは金融取引のみを解説する。
31）貸出対象の企業がAのタイプかBのタイプかはわからないものの、割合だけはわかっているものとする。
32）担保を受け入れる理由として、返済が滞ったりした場合、担保を売却することにより、未回収貸出金額を回収することができるからであると考えられている。実際にもこの理由のウェートが高くなることが多く、最終的な貸出の価値を保全するために担保を取ることになる。
　　しかし、銀行等では担保価値に対して貸し付けているのではない。担保に基づいて貸出をするのであれば、これは「質屋金融」であり、銀行はこのような金融を中心にしているのではない。
　　銀行等では念入りに借り手のプロジェクトを審査した後で、将来的な確実性を考慮して貸出を行うのであり、担保はあくまでも、当該借り手が「安全な借り手」なのか、そうでないのかを見極めるための「シグナル」と考えるべきであると思われる。
33）日銀当座預金とは市中銀行等の金融機関が日本銀行に持つ当座預金であり、日銀ネットと呼ばれる決済制度に加入している金融機関同士でのみ利用ができる口座である。
34）現金通貨とは貨幣である紙幣と補助貨幣である硬貨を合わせた総称である。
35）ただし、保証されるのは預金保険機構の適用範囲である1,000万円までの元利金である。
36）以前はマネーサプライ統計において「M2＋CD」を使用していたが、現在はマネーサプライ統計は廃止され、「マネーストック統計」が新設されたことから「M3」を使用している。なお、旧マネーサプライ統計の「M2＋CD」はマネーストック統計の「M2」で引き継がれているが、「2008年に見直しが行われた際、各指標の対象金融商品の範囲や通貨発行主体の範囲が見直されたほか、通貨保有主体の範囲や一部計数の推計方法が変更」（日本銀行ホームページ引用）されていることから、旧マネーサプライ統計とは「通貨保有主体」が異なる（範囲は同じ）。詳細は日本銀行のホームページ参照のこと。
　　http://www.boj.or.jp/statistics/outline/exp/faqms.htm/#01
37）この点は信用創造メカニズムにおいて重要となる。
38）ただし、小口取引等の場合、預金通貨では取引できない時があるので、その時は預金通貨を現金通貨に交換する必要がある。
39）このように統計的に観測される確率が、数学的に求められる確率に近似することを「大数の法則」という。

第Ⅱ部　金融政策における銀行の役割

第4章
金融政策と銀行

1．金融政策の基本的な仕組み

1 銀行貸出

　以下では銀行貸出についてみていくが、まず、最終的借り手が資金を必要とする場合を考えてみよう。この際、現時点において購入したいものがあるから、資金（つまり、即時的購買力）を他の主体から借りたいと思っているのである。それゆえ、最終的借り手は資金を手に入れなくても、購入したいモノさえ入手できれば満足できるのであり、その後の返済にも応じることになろう。

　したがって、銀行等（M銀行とする）は最終的借り手（A氏とする）からの要請に従って、A氏が商品（Xとする）を購入した取引相手先（B商店とする）へXの代金をA氏に代わって支払うことになる。その際にM銀行はB商店の取引銀行（N銀行とする）の預金口座に振り込むことになる。振り込む際の手続きは前章で述べたように日銀ネットを通じてM銀行からN銀行への振替で行うことになる。

　ここで注目すべきことは、この時点ではM銀行もN銀行も現金を使わず、預金通帳に記入をしただけであるということである。つまり、誰も現金通貨を使用していないのである。それにも関わらずA氏はM銀行から資金を借り入れたことになっている上に、B商店はN銀行の預金口座の預金残高が増加したことにより、入金されたと認識しているのである。そして今後、B商店が当該預金を現金

通貨に交換しない限り、誰も現金通貨を必要としない上に、預金通貨はそのまま決済性資金として使用できるので、預金が通貨として銀行振替を通じて市場を流通している間、社会的に現金通貨が節約されていることになる。

ところで、日銀ネットを使った振替においては各銀行等が持つ日本銀行内の当座預金（以下、日銀当座預金）の機能が重要になる。日銀当座預金とは、日本銀行に要求すればいつでも現金になる市中銀行等にとっての流動性である。したがって、市中銀行等にとっては資産であるが、日本銀行にとっては負債にあたる。しかし、日本銀行には発券機能[1]があるので、現金を要求されても滞ることはない。また、日銀当座預金、現金ともに無利子である。

このような性格を持っているので、市中銀行等にとって日銀当座預金は現金通貨と同じであり、しかも、銀行等の間で決済をする場合に、現金通貨では受け渡しが問題になるが、日銀当座預金はすべて日本銀行内にあるため、物理的な受け渡しの問題がない。よって、決済事務が容易であるので市中銀行等は当面の営業に支障が出ない程度の現金通貨以外の流動性は日銀当座預金として保有するのが一般的である。

ここでもう一度、B商店の預金口座の預金残高が増加した時のメカニズムについて考察してみよう。

M銀行はA氏の依頼によりN銀行に資金を振り替えたが、その際、M銀行の日銀当座預金残高を商品Xの代金分だけ減少させ、その分、N銀行の日銀当座預金残高を増加させることで、M銀行からN銀行に資金が振り替えられることになる。ここでN銀行は日銀当座預金残高が増加しているので、N銀行としての流動性が高まったことになる。当然、N銀行は増加分を得て、B商店の預金残高を増加させているものの、B商店が預金を現金通貨に交換しない限り、N銀行の流動性は高いままである。この事実は重要である。

なぜならば、今までみてきたように預金が現金通貨に交換される可能性は"0"ではないが、通常の経済状態においては極めて小さい確率しかないので、流動性が高まった（つまり、現金通貨、または、日銀当座預金残高が増加した）場合、ゴールドスミス・バンクと同様にその一定割合を貸し出しに回すことができるからである。つまり、N銀行のように「たまたまB商店の預金口座がN銀行

にあった」という場合であっても、N銀行自体は流動性が高まっている（つまり、この場合は日銀当座預金残高が増加している）ので、その一定割合を貸し出しに回すことができることになる[2]。

2 部分準備制度

上記の例について、各主体の資金勘定を簡単なモデルによって、確認してみよう。

ただし、モデル分析なので、いくつかの前提をおくことにする。

a　銀行が貸付を行う場合には、その資金はすべて預金の形態で行うものとする。

b　預金が現金通貨に交換される可能性のある割合は20％以下[3]とし、銀行等が貸出を預金で行う場合には預金準備として当該預金の20％以上の流動性（現金残高または日銀当座預金残高）を必要とするものとする。

c　各主体とも、当面の間、現金等の流動性を必要としないものとする。

d　各銀行において自己資本規制比率等の規制が存在しないものとする。

e　各主体は利潤および利子、経費等を考えないものとする。

ここでM銀行は当初に日銀当座預金を120万円持っていたものとする（これはすべて当該銀行の資本勘定になっているものとする）。また、B商店は商品X（100万円）を保有しているとすると、各主体の勘定は以下のようになる。

日本銀行			
日銀信用	120	日銀当座預金(M)	120

M銀行					N銀行			
日銀当座預金	120	資本金	120		日銀当座預金	0	資本金	0

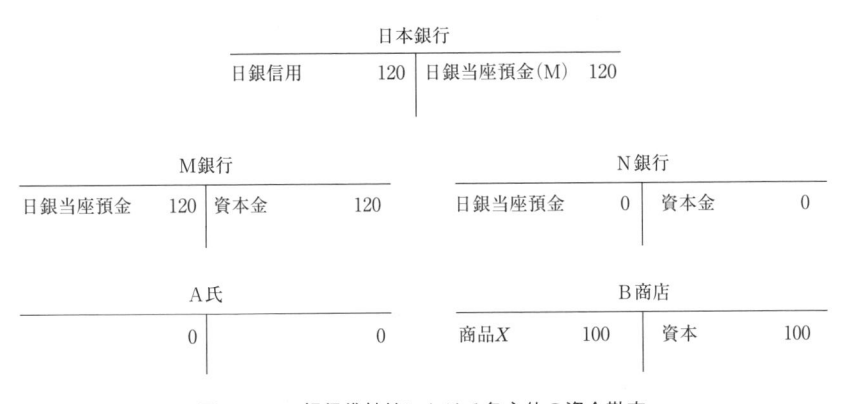

A氏					B商店			
	0		0		商品X	100	資本	100

図4-1　M銀行貸付前における各主体の資金勘定

この勘定表における資産および負債・資本等は図4-2のように表示している。

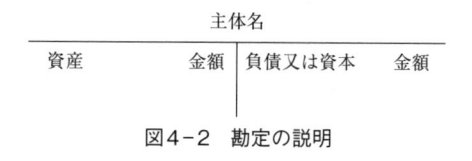

	主体名		
資産	金額	負債又は資本	金額

図4-2　勘定の説明

ここでA氏がB商店から商品Xを100万円で購入し、その代金をM銀行から借り受けたとする。その時、M銀行は同行の日銀当座預金100万円を減少させ、同額をN銀行の日銀当座預金に振り替えるように日銀に依頼する。そうするとN銀行は日銀当座預金100万円分が増加するので、B商店の預金残高を増加させることにより、A氏とB商店の債権債務関係は決済されることになる。この状況を勘定表で表すと次のようになる。

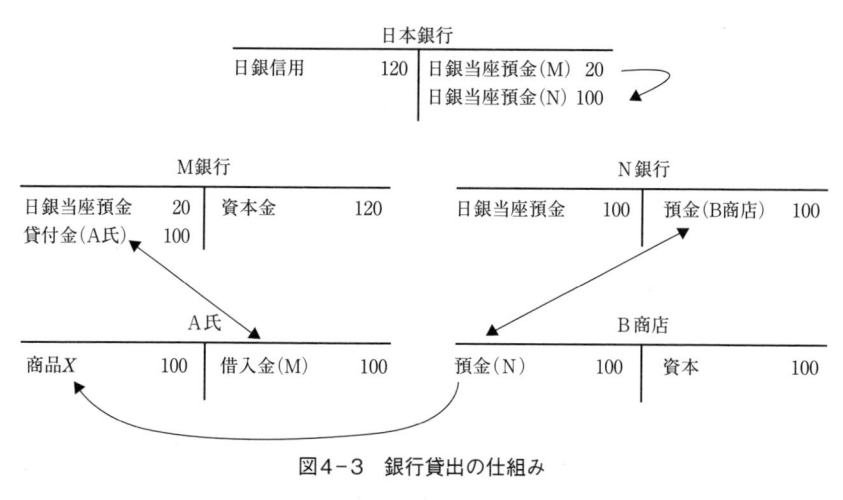

日本銀行
| 日銀信用 | 120 | 日銀当座預金(M) | 20 |
| | | 日銀当座預金(N) | 100 |

M銀行
| 日銀当座預金 | 20 | 資本金 | 120 |
| 貸付金(A氏) | 100 | | |

N銀行
| 日銀当座預金 | 100 | 預金(B商店) | 100 |

A氏
| 商品X | 100 | 借入金(M) | 100 |

B商店
| 預金(N) | 100 | 資本 | 100 |

図4-3　銀行貸出の仕組み

ここでN銀行に注目すると、A氏への貸出を行う前において、日銀当座預金の残高が"0"であったものが、一連の取引により、100万円の日銀当座預金残高を得ている。つまり、N銀行は流動性を得たことになるので、このうち20％分だけを残しておけば、他は貸出が可能ということになる。

したがって、N銀行は20万円の日銀当座預金を残して80万円を貸し出すことができることになる。そこでN銀行はC氏に融資を行うことが可能となる。ここでC氏はD商店で商品Yを購入するために借り入れたのであり、借り入れ代金は

```
                         日本銀行
              日銀信用    120 | 日銀当座預金(M)    20
                              日銀当座預金(N)   100

         N銀行                              O銀行
 日銀当座預金  100 | 預金(B商店) 100    日銀当座預金   0 | 資本金    0


         C氏                              D商店
              0 |        0         商品Y     80 | 資本    80
```

図4-4　M銀行貸付後における各主体の勘定

D商店の口座があるO銀行に振り込まれることになる。したがって、N銀行の日銀当座預金は20万円となり、代わってO銀行の日銀当座預金は80万円となる。

ここでもO銀行に注目すると、C氏への貸出を行う前において、日銀当座預金の残高が"0"であったものが、一連の取引により、80万円の日銀当座預金残高を得ている。つまり、O銀行は流動性を得たことになるので、このうち20％分だけを残しておけば、他は貸出が可能ということになる。

以下、同様に次々と預金形態での貸出が行われ、預金が増殖することになる。

```
                         日本銀行
              日銀信用    120 | 日銀当座預金(M)    20
                              日銀当座預金(N)    20
                              日銀当座預金(O)    80

         N銀行                              O銀行
 日銀当座預金   20 | 預金(B商店) 100    日銀当座預金  80 | 預金(D商店) 80
 貸付金(C氏)   80 |


         C氏                              D商店
 商品Y        80 | 借入金(N)    80    預金(O)    80 | 資本    80
```

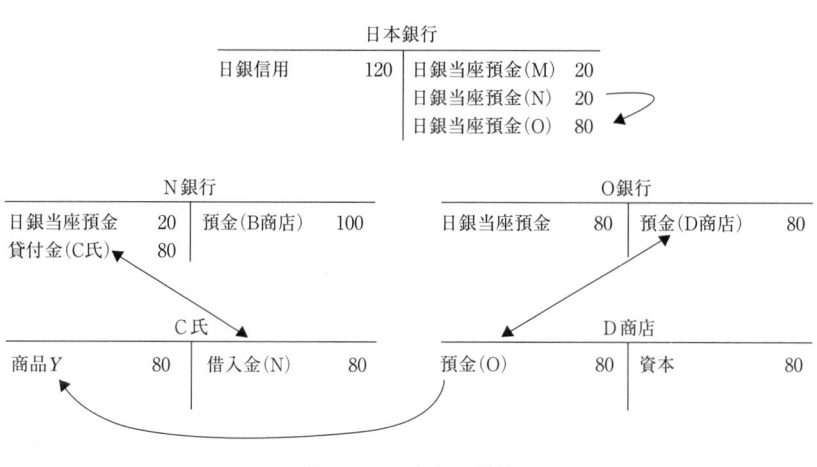

図4-5　N銀行の貸付

理論的に「預金総額」は以下のような計算により求められる[4]（当初の預金も含めて）。

$$預金総額 = 100万円 + 100万円 \times (1-0.2) + 100万円 \times (1-0.2)^2 + \cdots\cdots$$
$$= 100万円 / 0.2$$
$$= 500万円$$

ここで当初貸出が可能であったのはM銀行だけであり、その金額は「B商店の100万円」だけである（M銀行が当初保有していた日銀当座預金の120万円のうちの100万円だけと考えられる）。これを「本源的預金」というが、それ以降の預金は、たまたま日銀当座預金の移転先になった銀行が貸出可能になったに過ぎないので、このような預金のことを「派生預金」という。つまり、銀行は本源的預金により、貸出→派生預金→貸出→……　というように連鎖的に預金が増殖するので、当初銀行が保有する流動性の何倍もの貸出を行うことができるのである。このように本源的預金により何倍もの預金（ここのモデルでは5倍）がつくられていくことを「信用創造」という[5]。また、このように一部を準備として保有するような銀行システムの制度を「部分準備制度」という。

3　インターバンク市場

銀行等は日々多くの取引を行うことから、各主体において資金過不足が常に起こることになる。したがって、この資金過不足を解消するための市場が必要になる。しかし、ここでの資金過不足は各主体における決済に関するものなので、安全なものでなければならない。そこで、このような銀行等の間の資金過不足を解消するための市場として、金融機関などだけが参加できるインターバンク市場が存在する[6]。

ここでモデルを使って、インターバンク市場の1つであるコール市場について解説を行う。例えば、M銀行の顧客である企業Aは資金を借りたいとする。しかしその時、M銀行は企業Aに貸し付けることができるだけの流動性を持っていなかったとする。他方、N銀行には他の主体に貸し付けることのできる流動性を持っているとすると、この資金をM銀行に貸し付ければ、M銀行は企業Aに

第4章　金融政策と銀行　77

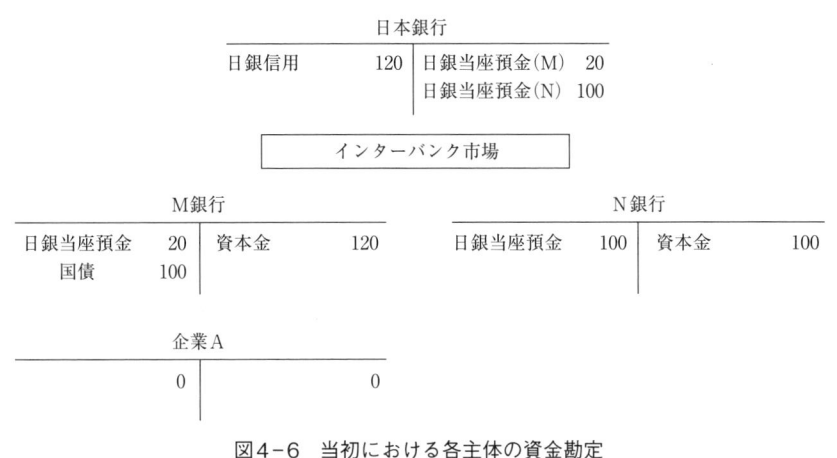

```
                    日本銀行
        日銀信用    120 | 日銀当座預金(M)   20
                       | 日銀当座預金(N)  100

              ┌─────────────────┐
              │ インターバンク市場 │
              └─────────────────┘

         M銀行                           N銀行
日銀当座預金  20 | 資本金  120    日銀当座預金 100 | 資本金 100
国債        100 |

              企業A
               0 |      0
```

図4-6　当初における各主体の資金勘定

貸し付けることが可能になる。

そこでM銀行は資金を借りたい旨、インターバンク市場で資金の仲介を行う短資会社[7]に申し込む（融資を受ける側を「資金の取り手」という）。他方、資金に余裕があるN銀行は貸したい旨、同様に短資会社に申し込む（貸し付ける側を「資金の出し手」という）。この両者が短資会社を通じて出合うことにより、取引が成立することになる。この場合、資金の出し手は「コールローン（資産）」と引き換えに、当該金融機関の日銀当座預金残高が減少することになる。そして、資金の取り手は「コールマネー（負債）」と引き換えに日銀当座預金残高が増加することになる。

この時に成立する金利を「コールレート」という。そして、条件が「無担保、期間が翌日まで」の「無担保コール翌日物」がコールレートの代表的なものである。このレートはインターバンク市場において資金の取り手（資金が不足している金融機関）が多ければ、競争原理によって高くなり、資金の出し手（資金が余剰になっている金融機関）が多ければ同様のメカニズムによって低くなる。

このようにコール市場によってM銀行は流動性を得ることができるので、そのうちの一部を預金準備として残し、残りを企業Aに貸し付けることができるようになる[8]。N銀行も日銀当座預金のままでは金利を得ることができないが、コール市場で運用することにより、運用益を得ることができる。

日本銀行

日銀信用	120	日銀当座預金(M)	120
		日銀当座預金(N)	0

資金を受ける　　インターバンク市場　　資金を出す

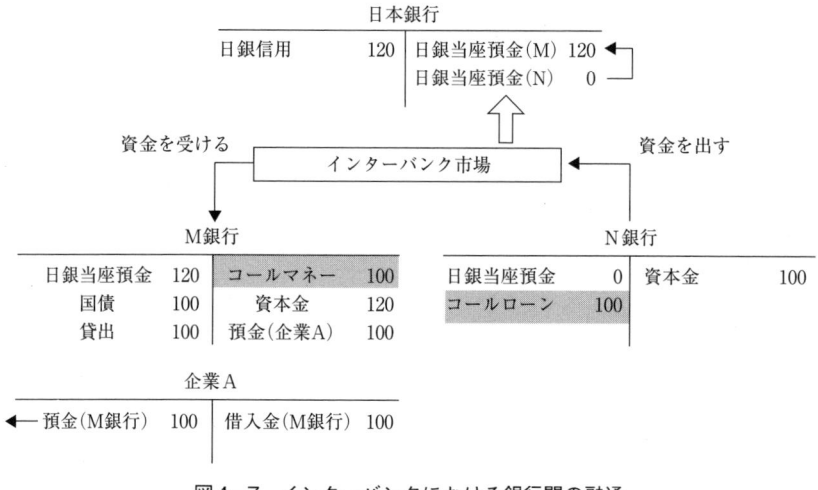

M銀行

日銀当座預金	120	コールマネー	100
国債	100	資本金	120
貸出	100	預金(企業A)	100

N銀行

日銀当座預金	0	資本金	100
コールローン	100		

企業A

預金(M銀行)	100	借入金(M銀行)	100

図4-7　インターバンクにおける銀行間の融通

4 オープンマーケット・オペレーション

　次に、多くの金融機関が貸出や有価証券（国債など）運用を行い、インターバンク市場全体として流動性に余裕がない場合を考えてみよう。

　この場合、多くの金融機関で流動性がないため、コールレートが上昇することになる。コールレートは銀行等が企業などに貸し付ける際のコストになる金利であり、このレートが上昇すれば、その上昇分を銀行等が貸し付ける際に上乗せすることになり、市場の金利が全体的に高くなる可能性がある。つまり金利が上昇すれば、企業の借入コストが上昇するので、売上等が一定の場合、利潤を圧迫することとなり、企業活動が停滞する可能性が高くなる。

　例えば、企業AがM銀行に融資を申し込んだとする。この場合、M銀行には企業Aに貸し付けることのできるだけの流動性がなく、インターバンク市場においても資金がタイトな場合であったとする。この場合にはより高いレートを提示しても資金を取れないこともある。このように市場全体の資金がタイトな状態の中で、日本銀行が「買いオペレーション」という金融政策を行った場合を考えてみよう。

　ここで買いオペレーション（以下、買いオペ）とは日本銀行が市中の金融機

第4章　金融政策と銀行　79

```
                    日本銀行
        日銀信用    40  | 日銀当座預金(M) 20
                        | 日銀当座預金(N) 20

                インターバンク市場

        M銀行                      N銀行
日銀当座預金 20 | 資本金 120    日銀当座預金 20 | 預金  100
国債       100 |              貸出       100 | 資本金  20

        企業A
            0 | 0
```

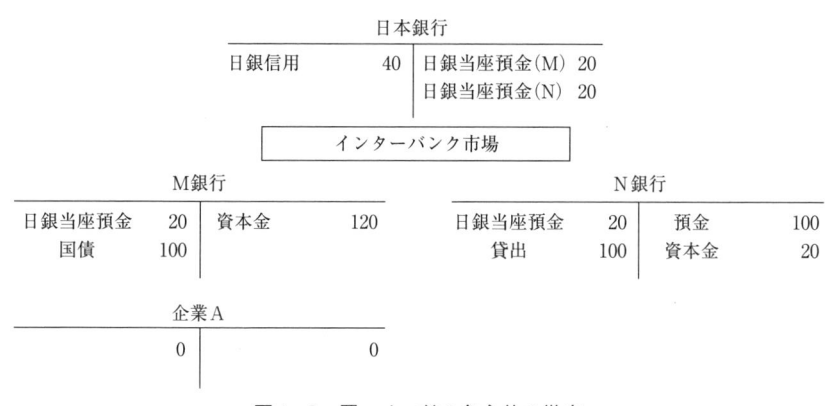

図4-8　買いオペ前の各主体の勘定

関の債券などを"買う"ことによって、市中に流動性を供給する政策のことである[9]。

　具体的には、日本銀行の事前の分析によって市場全体が資金タイトの状態にあると予測される場合、インターバンク市場を通じて金融機関保有の債券などを入札によって買い付ける旨の公示を行う[10]政策のことである。この政策が実施されると、企業Aなどから融資を申し込まれているM銀行のような金融機関は、手持ちの債券を日銀に買ってもらい、流動性を高め、それによって貸出を

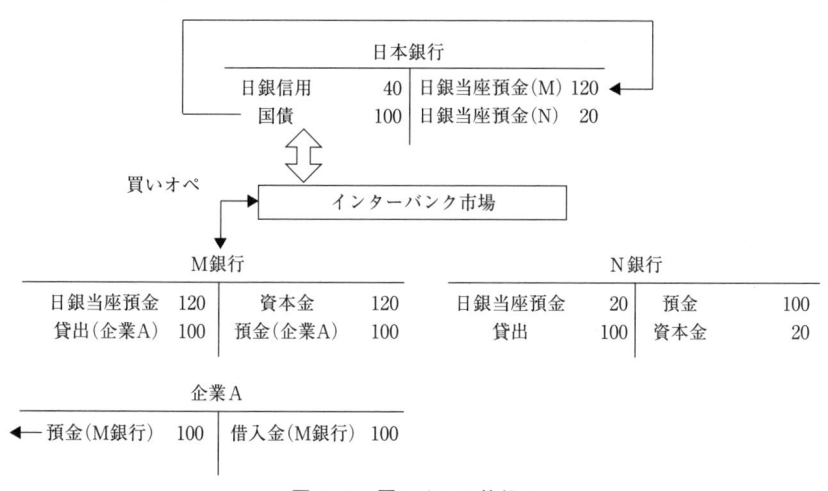

```
                    日本銀行
        日銀信用    40  | 日銀当座預金(M) 120 ←
        国債       100 | 日銀当座預金(N)  20
                         ⇕
  買いオペ →  インターバンク市場

        M銀行                           N銀行
日銀当座預金   120 | 資本金      120    日銀当座預金 20 | 預金  100
貸出(企業A)   100 | 預金(企業A) 100    貸出       100 | 資本金  20

                企業A
← 預金(M銀行) 100 | 借入金(M銀行) 100
```

図4-9　買いオペの仕組み

増やそうと考えるはずである。

　つまり、M銀行は入札に参加し、落札すれば、同行保有の国債を日本銀行に売り渡すことになる。そして、日本銀行はその国債の代金を日本銀行の発券機能を用いてM銀行の日銀当座預金残高を増加させる。これによってM銀行は流動性を確保したことになり、コールレートの上昇を招くことなく、企業Aに貸付を行うことが可能になる。

　このように日本銀行は公開市場操作によって、コールレートを誘導することができるとともに、資金の安定的な供給を図ることができるとされている[11]。

5　ハイパワードマネーとマネーストック

　これまでのモデルではM銀行は預金そのものを企業Aに貸している形をとっているが、実際にはM銀行が預金を振り込むのは企業Aが支出した取引相手先である。その後、銀行貸出の項で解説したように、信用創造によって預金（つまり、マネーストック）が増加することになる。この場合、当初日本銀行が買いオペを行うことによって増加したM銀行の日銀当座預金により、その後の信用創造が行われたとみることができる。

　ところで、日本銀行の発券機能に基づいて発行されたもの、つまり、現金通貨および日銀当座預金を、一般に「ハイパワードマネー[12]」と呼ぶので、ハイパワードマネーを「H」、マネーストックを「M」とした時、信用創造のメカニズムによって、以下の式が成り立つことになる。

$$M = mH \qquad \cdots\cdots(2\text{-}1)$$

　ここでmは「貨幣乗数」、M＝現金＋預金、H＝現金＋日銀当座預金

　また、銀行が合理的な運用をしているとすると、利子が付かないハイパワードマネーは極力「保有しない」と考えるはずである。そして、銀行が日銀に預けている日銀当座預金は「預金準備」にあたると考えられるので、現金＝C、預金＝D、日銀当座預金（預金準備）＝Rとした時、上記の式は、以下のように書き換えることができる。

$$m = \frac{M}{H} = \frac{C+D}{C+R} = \frac{\frac{C+D}{D+D}}{\frac{C+R}{D+D}}$$

ここで $\frac{C}{D} = a$（現金・預金比率）、$\frac{R}{D} = \beta$（預金準備率＝準備・預金比率）とすると以下のようになる。

$$m = \frac{a+1}{a+\beta} = 1 + \frac{1-\beta}{a+\beta} \quad \cdots\cdots(2\text{-}2)$$

(2-2) 式より、m は a が低下すれば上昇することになるので、例えば、銀行の安全性が高まれば、預金者は現金よりも預金を選好するようになり、a が低下し、m が高まり、信用創造が活発になることがわかる。このような場合には、日本銀行の金融政策効果を高めることになる。

2．貨幣乗数アプローチ

1 取引的および予備的貨幣需要

古典派に属する経済学[13]によれば、相対的価値や利子率は実物経済の中だけで決定され、貨幣の需給はこれらには何ら影響を与えることができないとされている（貨幣ヴェール観）[14]。ケインズ経済学においても、取引的動機または予備的動機に基づく貨幣需要は、利子率等には関係なく実物経済の中で決定すると考えられている。つまり、貨幣がモノとの交換手段として需要（取引的需要）される場合、実物経済において取引が活発化されれば、それに伴って、需要が増加し、利子率が直接的に関与することはないと考えられる。また、実物経済が活発化してくると、不意に支出を要する偶発時に備えるとか、有利な購入の思いがけない好機に備えるなどのために貨幣を保有しようとする需要（予備的需要）も高まると考えられる。

以上より、取引需要および予備的需要は取引量の関数であり、金利水準に無関係ということになる。そのため、縦軸に金利水準、横軸に貨幣需要をとった

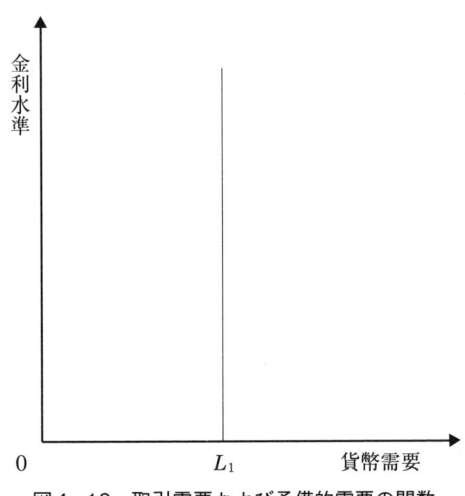

図4-10 取引需要および予備的需要の関数

平面においては、縦軸に平行な垂直な線（L_1）になる（図4-10参照）。

2 投機的貨幣需要

 他方、ケインズ経済学では貨幣を「物と物とを取引する際に用いる交換媒体」としてだけ考えているのではなく、貨幣と金融商品（ここでは特に債券）との間の選択において、貨幣を保有しようとする需要というものが存在すると考えられている。これを投機的動機に基づく需要という。この場合、債券ではなく貨幣を需要（選好）することを「流動性選好」という。ここで貨幣を保有していても金利が付かないので、即時的購買力が必要のない状態においては、利子を受け取れる債券で保有するはずである。しかし、即時的購買力が必要のない場合であっても、あえて収益ゼロ（金利ゼロ）の貨幣を保有するという可能性があるというのが流動性選好の考え方である。
 この点について考えてみよう。
 ここで現在の金利水準が「妥当である」と社会の大半の人々が考えていると仮定する。このような仮定の下で、何らかの理由により、金利水準が低下（上昇）したとすると、多くの人はこの金利の下げ（上げ）の要因が「一過性である」と思い、将来時点では「元の水準」に戻るはずであると考えるとする。そ

うすると、現時点における「金利の低下（上昇）」は、将来時点の「金利上昇（低下）」を予想することになる。ここで金利水準の変化に伴う債券価格への影響（これについては《コラム2》を参照のこと）を考慮すると、現時点における「金利の低下（上昇）」によって、現時点の債券価格は高騰（下落）することになるが、将来時点の「金利上昇（低下）予想」によって、今後の債券価格は下落（高騰）すると予想されることになる。

したがって、現時点における「金利の低下」は、将来時点における債券投資による損失が予想されるため、債券を換金しようと考えられることになろう。ここで「債券を換金しよう」ということは「債券を売って、貨幣にしよう」ということであり、「貨幣を保有したい」という需要（つまり、貨幣の投機的需要）が高まると考えられる。これによって現時点の金利の低下は、貨幣の投機的需要を高めることになるということがわかった（逆は逆である）。

ところが、一般的に金利水準が低ければ低いほど（高ければ高いほど）、今後、金利が上昇（低下）するであろうと予想する人が増加すると考えられるので、金利水準が低い（高い）ほど、貨幣の投機的需要が多い（少ない）ことになる。つまり、「現時点で金利水準が低い（高い）→将来の金利上昇（低下）予想→債券価格下落（高騰）予想→貨幣需要が上昇（低下）する」という思考経路になり、金利水準が低い（高い）ほど、流動性選好（貨幣を保有したいとする需要）が

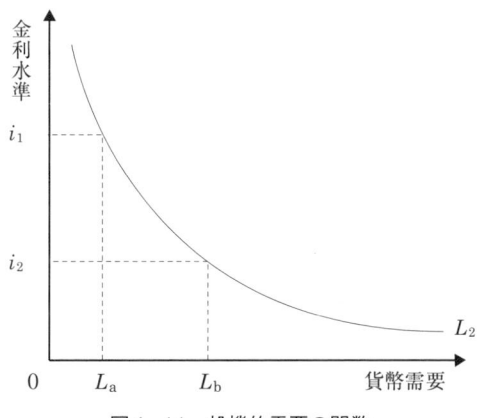

図4-11　投機的需要の関数

増加(減少)するということになる。

このように投機的需要は金利の関数であるということになり、縦軸に金利水準、横軸に貨幣需要をとった平面においては、右下がりの曲線(L_2)になる。

以上より、貨幣需要L(liquidity)とは、取引量の関数である取引需要と予備的需要(L_1)、および金利水準の関数である投機的需要(L_2)を合計したもの($L = L_1 + L_2$)なので、形状としては投機的需要の曲線であるが、取引需要と予備的需要の分だけ右に平行移動したものとなる。

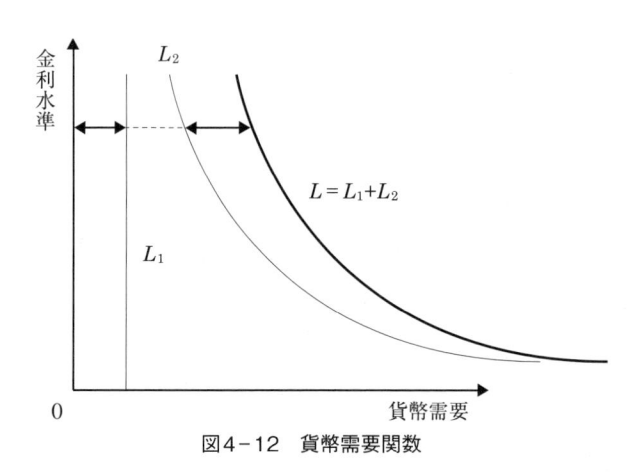

図4-12 貨幣需要関数

コラム2：債券の金利と価格との関係

今、市場金利が年5％であるとする。この時の1年後満期(100円になる)の割引債は以下の式により求めることができる(割引債の価格をA円とする)。

$A \times (1 + 0.05) = 100$

$A = \dfrac{100}{1 + 0.05}$ より、Aは95.24円である。

つまり、金利(利回り)が年5％であれば、1年後満期の割引債は95.24円であるということになる(1年後100円になる割引債の現在価値は95.24円であるともいう)。

ここから、現在の100円(貨幣)と将来の100円(金融商品)では価値が違うということがわかる。将来の100円を現在の価値に換算するには、金利で割り引くことが必要なのである。

ここで、何らかの理由により、市場金利が年10％になったとする。この時の1年後満期（100円になる）の割引債は、同様に、以下の式が成り立つ。

$$A \times (1 + 0.10) = 100$$

$$A = \frac{100}{1 + 0.1}$$ より、90.90円である。

つまり、金利（利回り）が年10％であれば、1年後満期の割引債は90.90円になるのである。

以上より、金利が上昇（低下）すれば、債券価格は下落（上昇）することがわかる。

....

3 貨幣乗数アプローチ

これまでの解説の通り、中央銀行（日銀）が供給するハイパワードマネーを原資として、市中銀行を通じた信用創造メカニズムにより、マネーストックが市中に供給されることから、ハイパワードマネーをH、マネーストックをMとすると、以下のような式が成り立つことになる。

$M = mH$

ただし、mは貨幣乗数。

ここでハイパワードマネーの量は日銀が一存で決めることができるので、貨幣乗数が安定している限り、日銀が決めたハイパワードマネーの量に見合う水準に、マネーストックを調整することができることになる。つまり、貨幣供給曲線は金利に対して独立となるので、縦軸に金利、横軸に貨幣供給量（マネーサプライ）をとった場合、縦軸に対して平行な直線になる。

また、このようにして描かれる貨幣供給曲線（実際には垂直な直線）と貨幣需要曲線（$L = L_1 + L_2$）との交点により、貨幣需給が均衡し、この交点で示された金利が均衡金利として市場金利となることが知られている。

ここで日銀が物価安定のために市場金利を引き上げたい場合を考えてみよう（物価安定のために市場金利を引き上げる理由については《コラム3》を参照）。

日銀が市場金利を引き上げたい場合には、売りオペにより市中銀行の日銀当

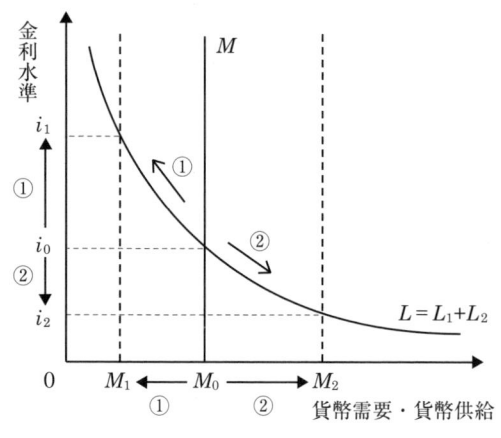

図4-13 貨幣需給の均衡

座預金を吸収する（金融引締政策）。これによって、インターバンク市場における流動性が減少するので、コールレート等が上昇する。市中銀行は資金の調達金利であるコールレートの上昇を受け、企業等への貸出を手控える、または、貸出金利を引き上げるなどによって、銀行貸出が減少することになる。銀行貸出の減少は信用創造メカニズムを通じて、マネーストックの減少になる。

このようにしてマネーストックが減少すると、貨幣需給の上では、同率の市場金利状態において過剰貨幣需要になるため、景気が悪化しない場合には、市場金利が上昇することになる[15]。以上のような経路により、日銀の金融引締政策で市場金利を上昇させることができる。

次に、市場金利を引き下げたい場合を考えてみよう。

日銀が市場金利を引き下げたい場合には、買いオペにより市中銀行の日銀当座預金を増加させる（金融緩和政策）。これによって、インターバンク市場における流動性が増加するので、コールレート等が低下する。市中銀行は資金の調達金利であるコールレートの低下を受け、企業等への貸出を拡大させる、または、貸出金利を引き下げるなどによって、銀行貸出が増加することになる。銀行貸出の増加は信用創造メカニズムを通じて、マネーストックの増加になる。

このようにしてマネーストックが増加すると、貨幣需給の上では、同率の市場金利状態において過剰貨幣供給になるため、景気が好転しない場合には、市場

（前年比、％）　　　　　　　　　　　　　　　　　（月末値）

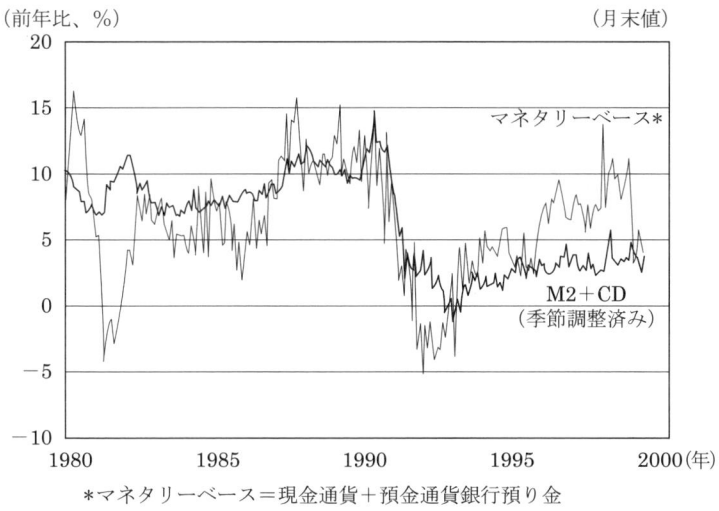

*マネタリーベース＝現金通貨＋預金通貨銀行預り金
図4-14　マネーストックとマネタリーベースの推移（～1999年）
出所：日本銀行『金融経済月報』

金利が低下することになる[16]。以上のような経路により、日銀の金融緩和政策で市場金利を低下させることができる。

このような考え方を、貨幣乗数アプローチ（標準理論）またはマネービューという。この考え方は、長い間、経済学者などにより支持されたものであり、実際、1980年代から1990年前半まではハイパワードマネーの伸びとマネーストックの伸びがほぼ一致していることが観測できる。

コラム3：金利と物価

　日銀は経済の持続的な発展のために金融政策を行っているが、金利を引き上げれば、景気の足を引っ張ることになる。ここでは、景気にとってマイナスの政策を、あえて日銀が行う理由について考えてみる。
　今10万円の現金を保有していたとする。
　ここで、（就職活動等で必要になるなどの理由で）1年先に10万円のパーソナルコンピュータ（以下「PC」）を買おうと考えている学生がいたとする。この時PCの価格は「来年もほぼ同じ価格である」という予測がコンセンサスであったならば、急いで買う必要がないので、例えば、その時に定期預金金利が年利1％であれば、1年間、定期預金にすることになろう（1年先には10万1,000円になるから）。

他方、国内景気が良くなり「1年後の予想物価上昇率が3％になる」という予測が市場で観測され、それがコンセンサスとなった場合、この予測通りだとすると「(すべてが同率で上昇するわけではないが) 1年後のPCの価格は10万3,000円になる可能性がある」ということを意味する。

このような状態になれば、定期預金よりも現時点でPCを購入した方が得である。実際には、今後の価格変動について正確に予測することはできないものの、人々は当然「なるべく安く買いたい」と思うはずなので、このような予測になった場合には、現時点でPCを購入しようとする人が増加することになろう。

また、このような需要が入ってくると、予想を先取りして早期に価格上昇が起こるとともに、このような需要に供給側も対応できず（または、売り惜しみ等が起こり）品不足などによって、さらに高い価格が予測されるようになり、価格が一層不安定化することもあり得る。

このような事態になると、そのままでは価格上昇が止まらず、経済的に不安定化することになってしまう（持続的な経済が保てなくなる）。

そこで日銀は、金融システムを通じて、銀行等に定期預金などの市場金利を上昇させるように誘導することになる。つまり、売りオペなどの金融引締政策を実行することにより、銀行等の調達金利（コールレートなど）を上昇させるのである。そうすることで市場金利が予想物価格上昇率よりも高くなれば、現時点での買い急ぎがなくなり（確実に金利をもらえる方が得）、物価の上昇期待が低下し、物価の安定をはかることができる。

このように金利を引き上げると経済を冷やすことになるが、物価が不安定化することのデメリットの方が大きく、これに対処できるのは金融政策しかない。そこで日銀は、物価が不安定化する前に、金融政策を行うことで持続的な経済発展ができるように調節しているのである。

....

3．銀行の自己資本

１ マネービューの問題点

ここまでは日銀の金融政策によるハイパワードマネーの増減が、信用創造メカニズムを通じて、マネーストックの増減につながり、市場金利を操作できると

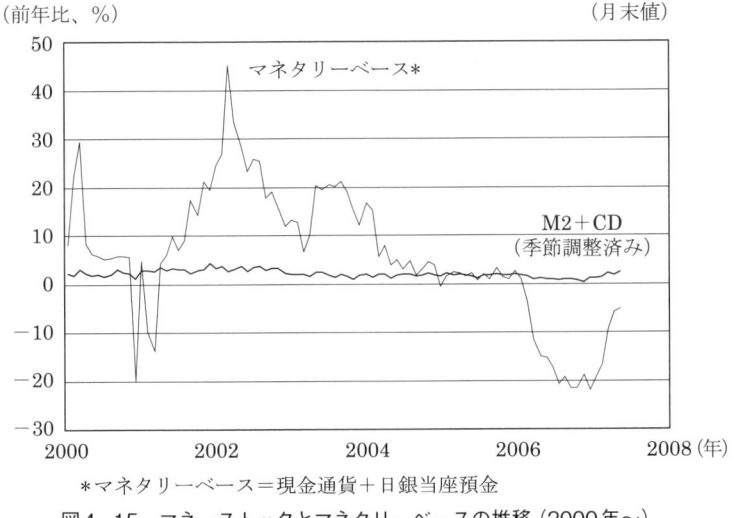

(前年比、%) (月末値)

[図：マネタリーベースとM2+CDの推移グラフ（2000年〜2008年）]

＊マネタリーベース＝現金通貨＋日銀当座預金
図4-15　マネーストックとマネタリーベースの推移（2000年〜）
出所：日本銀行『金融経済月報』

いうことをみてきた。しかし、1990年の半ば以降、ハイパワードマネーの伸びに比べてマネーストックの伸びが極めて低いことがみてとれる。

　この時期はバブル経済崩壊に続く景気回復および金融危機への対処を目指して、日銀は超緩和の金融政策を行っていた。そのため、極めて高いハイパワードマネーの伸びを維持してきたのであり、これは図4-14および4-15からも観測できる[17]。つまり、日銀はこの間も買いオペ等の金融緩和政策によって、インターバンク市場にハイパワードマネーを供給し続けていたので、市中銀行は貸出余力が増加したにも関わらず、同時期のマネーストックの伸びにほとんど影響を与えていないように感じる。

　このように本来銀行等は、貸出余力が増加すれば事業会社等への貸出を増加させ、信用創造メカニズムを通じてマネーストックが増加するはずなのに、特に金融危機以降の日本経済ではマネービューの示したようには動かず、マネーストックの伸び率はハイパワードマネーの伸び率に比べて非常に弱いものになっている。この原因として、例えば、金融緩和政策により日本銀行がハイパワードマネーを増加させたとしても、銀行等が一定の預金準備率以上に日銀当座預金として保有したとすると、マネービューの通りには信用創造メカニズムが働か

ず、マネーストックの増加は少ないものになることが考えられる。また、日銀当座預金のままの保有でなくても、当該資金を海外での運用に回した場合には、統計上マネーストックの増加につながらないことになる[18]。

このように銀行等が一定の預金準備率以上に日銀当座預金を保有[19]したり、金融緩和によってマクロ的に増加した日銀当座預金を利用して海外資金での運用をしたとすれば、マネービューで想定していたような金融政策の効果が生まれないことになる。日銀の内部および実務家は、そもそも「マネービュー的な考え方」には懐疑的であったことが知られている。日銀を含む実務家たちは、「マネービュー的な考え方」ではない、別の考え方（金融政策の波及経路についての考え方）があり、それがクレジットビューと呼ばれるものである。

2 貸出リスクのバッファーとしての自己資本

ところで、預金として顧客から預かった場合、大半は「底溜り」となり、流出しないが、一部は現金等の形で外部に流出することが統計上わかっている。したがって、銀行等では預金の即時支払いを担保するために、現金や日銀当座預金を保有することになる。これについては法定準備金としてある一定割合[20]を日銀当座預金として日銀に預け入れることが義務づけられている。

ここで日銀当座預金は無利子なので、預金準備としてのみ日銀に預けるのであれば、銀行等としても必要最低限に留めておきたいと考えるはずである。実

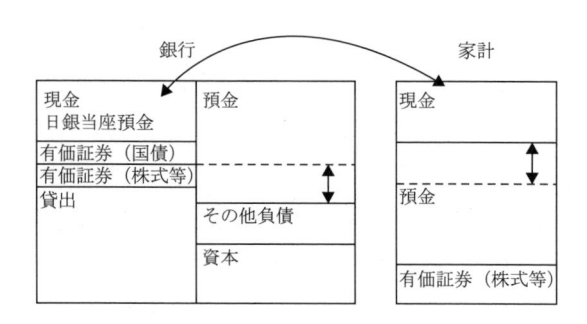

図4-16 銀行と家計の資金の流れ

際、通常の拡大傾向にある経済の場合には常に企業の貨幣需要が存在するので、銀行等も資金の効率的な運用が可能であり、預金準備を必要以上に保有するようなことは基本的に考えられない。したがって、マネービューの通り、日銀の金融政策によって銀行等の日銀当座預金の保有額が増減すれば、必要預金準備率になるように調節して銀行等は企業等に貸出を行うことになろう。

　この場合、銀行等から企業などに貸出された資金は、当然のことながら事業資金として使用されることになるので、銀行等では資金使途やプロジェクトの見通し、過去の企業業績、資産内容などを審査した後、担保や債務保証などを提供させることによって貸出を実行する。つまり、事前審査を行うことで、逆選択などの情報の非対称性問題を解消するのである。また、貸出先については当該企業の預金口座を保有していることから、資金フローの面で管理が可能である。さらには、実際に銀行等の担当者が当該企業を訪問することにより、ソフト情報を定期的に入手することができるので、事後的なモニタリングを実施できることから、モラルハザードについても解消できる。

　以上のような仕組みによって貸出を行っているため、家計としても安心して現金を銀行等に預け、預金として保有することになる。また、家計が「安定した現金預金比率を保っている」からこそ、銀行等は「一定の底溜り」が維持されるので、家計の銀行等に対する信頼が重要であることが理解できよう。このように銀行等は現金を預金に換えても、預金は「安全である」という信頼の上に

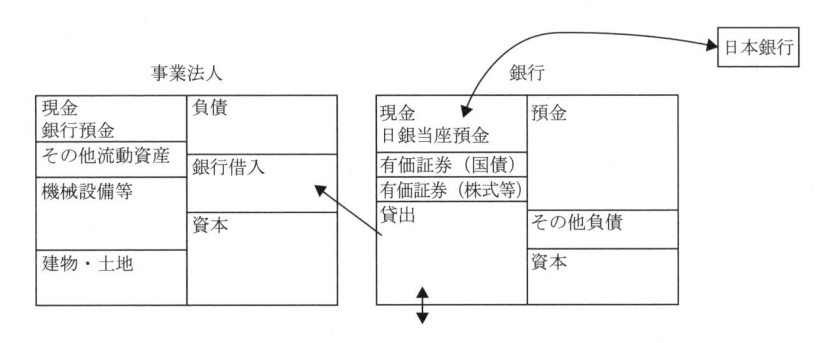

事業法人			銀行		日本銀行
現金 銀行預金	負債		現金 日銀当座預金	預金	
その他流動資産	銀行借入		有価証券（国債）		
機械設備等			有価証券（株式等）		
	資本		貸出	その他負債	
建物・土地				資本	

図4-17　銀行と事業法人の資金の流れ

成り立っているのであり、預金が「安全ではない」、つまり、「預金が現金にならない時がある」ということになれば、この銀行等への信頼は崩れることになる。

ここまでは、銀行等は審査やモニターをしているので「貸出の返済における問題がない」ということを前提に話を進めてきたが、実際には、ある一定割合は銀行等においても貸倒が発生すると考えられる。

① 貸倒がない場合

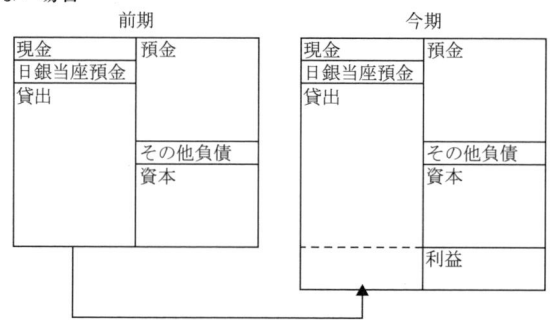

② 貸倒が生じた場合（資本の範囲内）

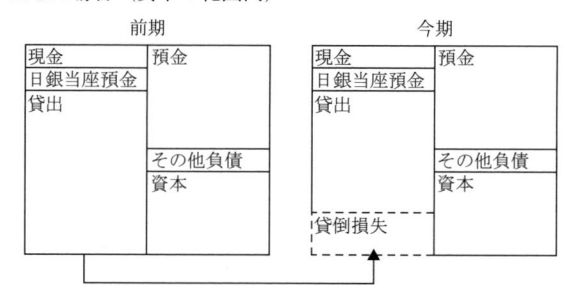

③ 貸倒が生じた場合（資本の額を超えた時）

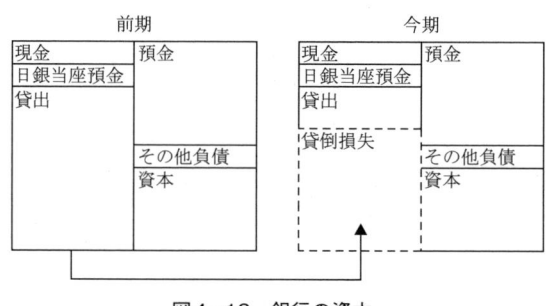

図4-18　銀行の資本

ここで図4-18の①のような経営状態が基本であり、このような場合には問題はない。また、②のように貸倒が自己資本の範囲内であれば、貸倒自体の影響が預金に及ぶことはなく、預金の換金に対する問題は起こらない。

　ところが、③のように資本の額を上回る（債務超過）ような貸倒が生じた場合には、貸出をすべて回収したとしても、すべての預金を返済することができない状態になっていることを意味する[21]。つまり、このような事態になれば、預金の換金自体に問題が発生していることになる。これは預金の定義（いつでも現金と交換でき、元利金が保証される）に反するのであり、換金自体に不安があるのであれば、預金者は預金としての保有をやめ、現金にしようと考えるはずである。しかも、現実に銀行等が債務超過の状態になっていなくても、その「可能性がある」という状態に陥るだけで、預金を一斉に引き出す（このような状態を「取付け」という）可能性がある。その場合、銀行等は銀行システムでつながっているため、金融システム自体が維持できないようなパニックに陥ることも考えられる。

　このようなパニックが起こらないように、金融当局（金融庁や日銀など）では自己資本比率[22]（つまり総資本に対する自己資本の割合）に注目し、その比率を規制対象として監視[23]し、段階的に行政指導するなどきめ細かな対応をすることで、日本の金融システムにおける信用秩序を守っている。

　このように通常の景気状態においては、金融システムが守られているため、マネービュー的な経済が維持されることになる。しかし、深刻な不景気になった場合には、予想できないような事態によって有望と見込まれていたプロジェクトが失敗したり、資金繰りの悪化から企業が倒産したりすることがある。このような事態になった場合には、銀行の財務状態に注目が集まり、真偽不明の風説が流されるなどによって、家計の不安心理が高まることが多い。そうなると、当面必要でないような預金も「現金にする」という行動が増加するようになり、銀行等の多くが当初予定していた預金準備額を増加させないといけない状態になる。また、そのような中では、銀行等が審査の精度を高めても予期せぬ事態が次々発生するため、貸出自体ができなくなり、逆の信用創造メカニズムによって預金量が低下し、マネーストックの伸び率を押し下げるようになる。

ここで景気を浮上させるべく日銀は金融緩和策を行う（これによってハイパワードマネーの伸びは増加することになる）ものの、深刻な不況下においては、銀行等も貸出に対しては保守的になるとともに、家計も預金の現金化を急ぐので、金融緩和策によって増加した日銀当座預金も、預金の現金化の対応のために、預金準備として日銀当座預金のままに保有をしたり、換金が確実な国債の購入に回ることになろう。

　このように深刻な不況下においては、ハイパワードマネーの伸びに対してマネーストックの伸びが低い状態が生まれるのであり、それが先に見た1998年（金融危機）以降の状態であったと考えられる。

　以上のように、通常の景気状態であればマネービュー的な金融政策が有効に機能することになるものの、深刻な不況期や金融システムに対しての信頼が揺らいでいるような状態においては、銀行等の情報の非対称性問題を緩和するシステムがうまく機能しなくなるため、金融緩和政策における資金フローが想定しているような波及経路にならず、金融緩和政策自体が有効に機能しない可能性があるといえる。このような考え方をマネービューに対して「クレジットビュー」と呼ぶことがある。

コラム4：バランスシートの基礎知識

　バランスシート（貸借対照表）とはある一時点の企業の財務状態（つまり、資産および資本・負債の状態）を表したものをいう。

　ここで資産勘定とは、調達した資金を使用して、資産をどのような形態で保有しているのかを記録したものである。ここで、資産の保有形態が変化することによって損益

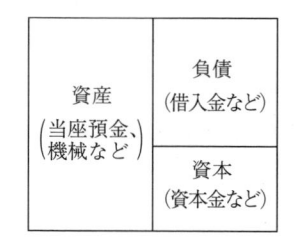

資産 (当座預金、 機械など)	負債 (借入金など)
	資本 (資本金など)

図4-19　バランスシートの仕組み

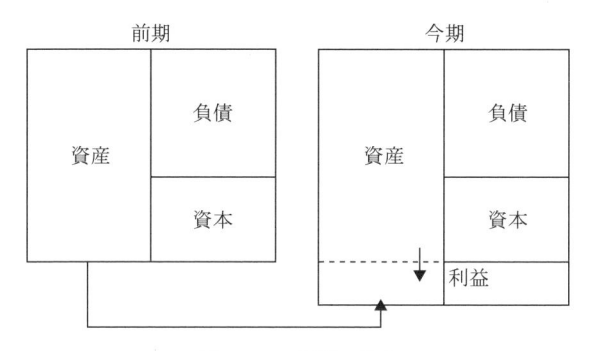

図4-20 損益の発生

が生じた場合、別途「損益計算書」により算出することになる。ただし、「損益」はある期間において発生するものであり、イメージとしては図4-20のようになる。

　負債・資本勘定の負債勘定には（企業側から見ての）債権者の提供した資金を表している。ここで債権者は、ある一定の（確定した）期間、資金を提供することによって、期間満了時には当該資金の元本とその期間に対応する利息を請求することになる。この時の支払は通貨性資金に限られるので、当該企業はその期日に通貨性資金を準備する必要があり、それを「資金繰り」という。その資金繰りに失敗し、期日に通貨性資金を当該相手先に支払えない場合は「デフォルト（債務不履行）」となり、銀行取引等が停止されるなどのペナルティを課せられ、場合によっては倒産することもある。

　他方、資本勘定には資本金や剰余金などが組み込まれるが、詰まるところ、株主の持分を表していることになる。株主は持分に応じて利益の分配を受ける権利や経営に参加する権利がある。しかし、拠出した資金は企業が解散されない限り返還されない。解散した場合、株主は解散により発生する残余財産について、その持分の割合に応じた分配を受けることになる。ただし、解散した結果、残余財産がマイナスになっても、株主は自ら拠出した金額以上に負担する必要はない（有限責任原則）。

・・・

【注】
1）日本銀行には3つの機能がある。1つは「政府の銀行」であり、中央政府の銀行として機能する。そして、「銀行の銀行」として、国内の信用秩序を維持するために「最後の貸し手」として機能する。そして、発券銀行として、国内で唯一貨幣を発行する機能を持つ。
2）この場合、「一定の割合」が問題になる。しかし、この割合はどの銀行も一律に算出できるものでもなく、経済環境によっても大きく違ってくるので本来は個別に銀行等が算出する

ことになる。けれども、この値を小さく見積もり過ぎると、当該銀行等の資金繰りが悪化するなどの問題が起こることになり、社会的な混乱を招く恐れがある。そういう意味で金融規制当局は「現金等の流動性に対する預金の割合」について一定の率を提示し規制を行っている（預金準備率についての規制であり、この点については後の章で触れる）。

3）この値（20％）もモデルとして計算しやすいように提示したものであり、実際の社会とはまったく関係のない値である。つまり、ここでは説明のために、任意に適当な値を設定しただけであり、社会的に誰かが決めているという意味ではない。実際の値は「（大数の法則により）統計的・確率的に算出される」ものであり、個別の銀行等により大きく異なるのが普通である。

4）初項100万円、公比（1－0.2）の無限等比数列の和であり、無限等比数列の和の公式より上記のような答えとなる。〈無限等比数列の和の公式〉……無限等比数列の和＝初項／（1－公比）

5）このような信用創造は、他の金融機関ではできない。例えば、預金取扱機関でない貸金業者が100万円保有している場合、当該貸金業者は他の主体に対して100万円しか貸出を行うことはできない。

6）コール市場や手形市場などがある。

7）短資会社とはインターバンク市場において金融機関の間に入って資金の仲介を行う機関のことをいう。ここでは「このような機関がある」ということのみに留めておく。

8）図4－7では預金そのものを企業Aに貸している形をとっているが、実際には企業Aが支出した取引相手先に振り込まれることになる。

9）日本銀行は、市場全体において資金に余裕がある場合には「売りオペレーション」を、また、資金がタイトであれば「買いオペレーション」をすることにより、金融市場の安定化をはかっている。このような「売りオペレーション」、または、「買いオペレーション」のことを「公開市場操作」といい、現在、日本銀行における中心的な金融政策である。

10）買い付ける（この場合「買い切りオペ」という）場合のほか、現先による方法などがあるが、ここではその方法についての詳細は省略する。

11）日本銀行では日銀金融政策決定会合によってコールレート（無担保コール翌日物レート）の誘導目標を決め、その目標値になるように日々金融調節を行っている。

なお、この公開市場操作のほか、金融政策としては預金準備率操作がある。

12）ハイパワードマネーのほか「マネタリーベース」や「ベースマネー」などとも呼ばれる。

13）ケインズは自らの経済学よりも前の経済学を古典派経済学と呼んだことから、ケインズ経済学よりも前の経済学を指す。

14）また、貨幣の供給は絶対価格に影響するだけで、利子率を通じて実物的均衡に何ら影響することはないとも考えられている。

貨幣数量説（フィッシャーの数量方程式）によると以下の式が成り立つとされている。

$MV = PT$

ただし、M：貨幣量、V：貨幣の流通速度、P：物価、T：取引量

ここで貨幣の流通速度Vとは総取引を実現するために1単位の貨幣が何回転するかを表す係数である。

上式においてVおよびTが一定であるとすると、貨幣量Mの変化は、一般物価水準Pを同一割合で変化させるだけであることがわかる。

15) 市場金利が上昇すれば、景気も悪化するので、当初、想定していた金利上昇よりも低いことがある。

16) 市場金利が低下すれば、景気も好転するので、当初、想定していた金利低下よりも高いことがある。

17) 図4-14と図4-15ではマネタリーベース（つまり、ハイパワードマネー）の定義が金融政策そのものの考え方の変更によって違っている。

18) 海外での運用ではなく、政府が新規国債によって調達した資金で公共投資などを行えば、民間部門に資金が流れることになり、マネーストックの増加につながるが、小泉政権が発足した後において、財政規律の健全化を目標にしていたこともあり、公共投資は減少していることから国内での運用は限定的であると推測できる。

19) 銀行等は預金を預かり、その資金を又貸しすることによって利潤を上げているのであり、日銀当座預金のような無利子では完全に損失となる。また、国債であっても預金金利とのスプレッドが小さく、そもそも国債は「無リスク商品」の代表であり、実質的に運用を放棄したのと同じと考えられる。

20) 「法定準備金としてある一定割合」のことを「預金準備率」といい、日銀がこの率を操作することになっている（預金準備率操作）。

21) 貸倒が起こった場合、第一次的には株主が負担をすることになるが、それ以上に損失が大きい場合には、預金者（その他債権者）も負担せざるを得なくなる。

22) これは世界的な動きであり、BIS（Bank of International Settlements）が中心となって基準の統一に動いている（バーゼル合意など）。2007年3月から開始された銀行等に対する自己資本比率規制（バーゼルⅡ）については金融庁「特集　バーゼルⅡの適用開始について」『アクセスFSA　第55号』を参照のこと（http://www.fsa.go.jp/access/19/200706a.html#tp4）。ここで「バーゼルⅡ」とは「自己資本比率の計算上、金融機関が抱えるリスクを従来の規制（バーゼルⅠ）よりも正確に計測することを目指すものであり、そのことを通じて、金融機関により適切なリスク管理を促す新しい規制の枠組み」と定義している。また、BIS規制の内容を見直し、より金融機関のリスクを反映させたバーゼルⅡに次ぐ新たな枠組み（規制強化策）としてバーゼルⅢがある。バーゼルⅢはリーマン・ショックを受け、2009年から協議が始まり、2012年末から段階的に導入し、2019年から全面的に適用することとなっている。バーゼルⅢについては、藤田・野崎（2011）などを参照のこと。

23) 日本では国内のみで営業活動をする銀行等は自己資本比率が4％以上、国際的に営業を展開している銀行等については自己資本比率が8％以上であるように求めている。

第Ⅲ部　成熟経済における金融

第III部　成熟経済における金融

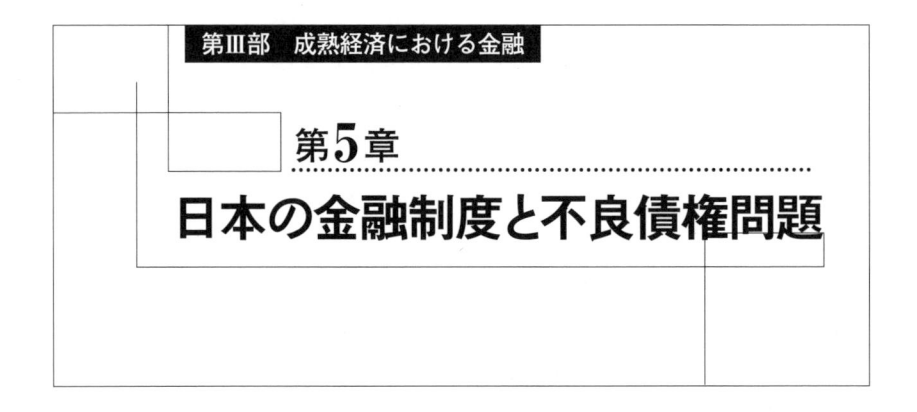

第5章 日本の金融制度と不良債権問題

1. 成長経済における金融制度

1 未発達経済における貯蓄と投資の状態

　第二次世界大戦直後の日本のように未発達な経済状態の場合、モノ自体が不足ぎみであるため、企業等による非常に旺盛な設備投資等（I）の資金需要が存在していることが多い。その上、国全体としても経済発展を目指すためには、産業の基軸となるいわゆる「重厚長大」型産業に資金を集中させる必要がある[1]。このような状態になっていることから、国全体として資金的に非常にタイトな状態にあるのが普通である。

　他方、このような国の家計可処分所得の水準は非常に低く、当然、金融資産残高も少ないのが普通である。その上、経済状態が安定していないので、先行きに対して不安を抱いている。そのため、家計が僅かでもプラスの貯蓄（＝所得－消費）状態になったとしても、その貯蓄（S）は収益性よりも元本の安全性を重要視する傾向が強いと思われる[2]。

表5-1　貯蓄主体と投資主体の認識ギャップ

I：企業部門	S：家計部門
①資金需要増大	①貯蓄率は低い
②集中増資	②金融資産残高が少なく、小口
③リスク大	③リスクの少ない金融商品を選好

ところで、このような状態であっても、事後的には、以下のような貯蓄投資バランスが成り立つ。

$$総需要 Y^D = C + \boxed{I} = C + \boxed{S} = 国民所得 Y \cdots\cdots (4\text{-}1)$$

しかしながら、資金需要側の投資（I）と資金供給側の貯蓄（S）が事後的に一致するとはいえ、上述のような大きな隔たりがある場合には金融取引が成立しないため、経済発展に支障をきたす恐れが考えられる[3]。

2 国策としての銀行システム

そこで、日本では銀行等の期間変換機能を利用して、IとSを結びつける政策を取った。つまり、銀行等は小口でも預けることができる上に、安全性（流動性）が高い預金を持っているので、個々では寡少である家計部門の資金であっても、多くの主体から集めることにより多額の資金になる。

このようにして集めた資金は、銀行等の期間変換機能を利用することで長期的に、しかも、集中して国家的に重要な基軸産業に投資することができることになる。さらに、国家的に銀行中心の金融取引を促進させるために、預金の金利収入に対して一定額まで無税にする「マル優」を法律で定め、加えて、社債および株式の発行を制限して、基軸産業以外の一般の会社への資金の流れを抑制することで、資金の流れを銀行による貸出が中心となるようにし、国家的に重要な基軸産業に資金を集中させた。

このように貯蓄推奨政策を用いて庶民の寡少な余剰資金を銀行システムに集め、社会インフラを担う基軸産業の豊富な資金ニーズに応えてきたのが、戦後の銀行を中心とする金融システムであった。この場合、銀行等は巨額の資金を扱うことになり、いわゆる「底溜り」も潤沢であったことから、かなり長期の資金ニーズにも応えることが可能であったと思われる。しかし、決済性資金を扱う銀行が、ダムや道路等の超長期に及ぶ「ハコモノ」建設投資への資金を貸し出すとなると、やはり資産・負債の期間的ギャップが大き過ぎるという議論があった。それゆえ、正常営業循環過程における資金は、商業銀行として都市銀行（以下、都銀）が、また長期設備資金は長期信用銀行[4]（以下、長信銀）がそれ

それ基軸産業に資金を供給することになった[5]。

　このように資金ニーズの期間の違いにより、短期は都銀が担当し、長期は長信銀が担当するというようになっていたが、当時の日本では基軸産業を中心に日本復興に向けて資金ニーズが極めて高く、資金があればいくらでも借りたいという状態であったことから、都銀と長信銀の間において融資先を巡り争うようなことはなかった。

　一方、地方の大企業を含む多くの中小企業も、基軸産業同様に資金ニーズが高い状態にあった。しかし、都銀および長信銀は基軸産業等への貸出で資金が枯渇状態であり、逆にさらに資金を調達したいくらいであったため、基軸産業以外の企業群には貸出が事実上できない状態になっていた。このような企業群に対する貸出は、主に、都道府県に基本的に1つずつあった地方銀行（以下、地銀）が担当していた。ただし、当時の日本は、国としてもまだ先行きに対する不安が残る状態であった上に、大企業でさえ現在のベンチャー企業と同じくらいの不安定さがあったことから、貸出には慎重にならざるを得ない状態であった。そのため、厳格な貸出審査をすることによって、貸出後の企業監視（モニタリング）ができる範囲内の企業数に絞り込み、地方における基軸となる企業を中心に貸出を行っていた。

　したがって、都銀等からも地銀からも借り入れることができない主体が、巷では多く存在することになった。特に、中小零細企業においては、資金的に非常にタイトな状態であったことが窺える。しかし、このような中小零細企業は金額が少ない上に、情報生産に非常に多くのコストがかかることになるため、営利目的で行う銀行等の株式会社金融機関では対応することができない。これは農業や漁業の従事者に対する貸出においても同様であった。

　このようなニーズに対して、それぞれを組合員とする協同組織による営利を目的としない金融機関が、それぞれ専門的に担当することとなった。農業では農業協同組合（農協）が、漁業では漁業協同組合（漁協）がそれぞれ担当し、中小零細企業に対しては信用金庫や信用組合が担当することになった。例えば、信用金庫の場合には、信用金庫法によって営業エリア内での営業しか認められず、融資先の上限規定がある[6]ため、その上限規定を超えないような営業エリア内

の中小企業のみで融資活動を進めていく必要がある。このような規定によって、地銀が対応しなかった融資希望先を丹念にフォローしていくという形の営業展開になるため、地域に密着した活動が中心となり、企業の個別的なソフト情報も入手できることを武器に、地道に業績を伸ばしていった信用金庫も多い。

3 都銀等と地銀の資金融通

ところで、これまでみてきたように地銀は貸出先を絞り込んでいたのであり、預貸率（預金に対する貸出の割合）でみた場合、貸出に余裕があった可能性がある。しかし、資金回収の安全性を重視して、無理をした経営はしていなかった。それゆえ、余裕になった資金はインターバンク市場を通じて都銀等に貸出していた。都銀等の融資先は当時としても超優良企業であり、安全性についても問題はない上に資金ニーズが高いことから、地銀としても安定して、しかも、安全に貸すことができたのである。

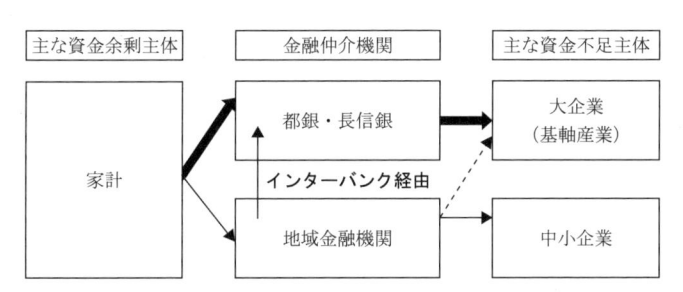

注）矢印の方向は資金の流れ、矢印の太さ（又は実線・破線の別）は、資金量の違い［破線＜実線（太い方が多い）］を示す。

図5-1　戦後の家計からの資金の流れ

このように、都市部においても地方においても個人の貯蓄を銀行が預金として集め、その一部を当該地域の優良企業に貸していた（信用割当により貸すことが可能な企業にのみ貸し付けていた）わけであるが、多くの部分がインターバンクを通じて都銀等に流れ[7]、基軸産業の資金需要に応えていたことになる。よって、都銀等を中心とした銀行システムは、国家の成長にとって欠くことのできない基軸産業に対して貴重な貯蓄を重点的に回すことを目的に構築されたも

のであり、当時のシステムは日本の経済成長に多大な貢献をしたといえよう。

2. バブルの発生とその後の混乱

1 金融自由化に伴う金融システムの変化

　このような銀行システムを軸として、日本は高度経済成長を遂げることになるが、その後、1980年代初頭に経済の安定期に入り、「国債の大量発行[8]」を契機にして徐々に金融が自由化されていった。つまり、社債発行等に対する規制やエクイティーファイナンス[9]に対する規制が緩和され、大企業のような「ネーム（name）[10]」をもっている企業では、銀行借入に頼るよりも、社債発行やエクイティーファイナンスのような直接金融方式による資金調達の方がコストは低く済むため、銀行離れが起こった。

　ここで「ネームを持った大企業」とは都銀等にとっての重要な「顧客」であり、その顧客が離れるということになると、都銀等が新たな顧客層を開拓する必要に迫られることを意味する。都銀等が新規で開拓するということになれば、地銀などの既得意先である中堅企業を中心にアプローチをかける形となる。ただしこの場合、都銀等は地銀などの情報生産能力の点で劣るため、情報の非対称性が問題になる。そこで、都銀等は豊富な資金によりスケールメリット（規模の経済性）と「資産の分散化[11]」によるリスク低減効果とともに、担保として「土地」を提供させることで情報の非対称性問題を克服しようとした。

　土地担保が情報の非対称性問題の克服に役立ったのは、「土地は下がらない」という土地神話もその要因ではあるが、日本人にとって「土地」は特別な思い入れのある資産であったからである。つまり、土地は先祖からの「預かり物」という意識があり、保有者自身の持ち物であっても容易に手放すことはできない資産と考えられていた。また、「一国一城」的な意識が強いことから、「土地および家屋」を所有することに対する執着心が非常に強い人々が多いということも要因の1つとして挙げられる。それゆえ、借金が支払えないことによって「担保の形」として取られることは「絶対に避けたい」という気持ちが強く働くこと

になるので、「担保」としての価値が非常に高い資産だったのである。

このように都銀等は土地さえあれば、審査はある程度「雑」であっても、大量に貸していくという手法によって、総合的なリスクを低下させ、大企業の銀行離れによって減少した貸出を、地銀の既得意顧客を取り込むことでカバーし、低下した収益を奪回するようになっていった。このような中、地銀においても資金開拓が必要になり、今までは貸出を手控えてきた中小企業に対しても、担保[12]さえあれば融資審査で多少の問題があったとしても、他行との競争を優先して融資を行うという風潮が強くなっていった。

2 バブルの形成と不良債権

厳密な融資審査により不良貸出を抑えていた地銀等の地域金融機関は、都銀等との競争により、融資対象企業範囲を広げざるを得なくなり、慎重な審査が必要になっているにも関わらず、土地を担保とすることにより安易な融資を増加させていった。また、都銀等にとっても元来、地域の情報に疎いことから、担保に頼らざるを得ず、担保貸出が急激に増加していった。そのため、土地を中心として担保になっていた資産（土地や株式）に対するニーズが高まり、資産価格が上昇していった（バブルの生成[13]）。

その後、不動産融資総量規制[14]により、土地高騰に陰りが出てくると、土地等に流れていた資金が急速に引き上げられたことで、一気にバブルが崩壊していった。そうなると、審査も監視も不完全な融資が多かったことから、バブル崩壊を契機に、一斉に融資が焦げ付き、不良債権化した[15]。しかも、担保価値の急速な下落により、すでに担保を売却しても現金回収できない事態に陥っていた。もともと「土地神話」といわれるほど日本人は土地に対する信頼感があったため、「土地を持っていれば、そのうち上がるので、安心である」という楽観した考えが金融規制当局[16]および銀行関係者の中にもあったことが、バブル崩壊後の事態をさらに悪化させることになった。つまり、収益性が乏しく、将来性もあまり見込めないような企業に対して、その企業の存続のために「追い貸し[17]」を行ったり、資産価格を簿価のままにして、評価損を表面化させないようにすることで、企業の延命をはかったことにより、その後の産業の新陳代謝が

なされず、IT等の流れにも遅れる結果になったのである。

3 バブル経済崩壊後の経済の混乱

　景気の悪化や資産価格の低下によって、不良債権化した負債を持つ企業は、新規投資や事業活動の継続ができなくなる。そして、多くの企業が資金投資や事業の活動継続が難しくなると、設備投資などが減少し、国内総生産（GDP）が低下することになる。そのような中、バブル崩壊等で、さらに資産価格が下落すると、貸し手の信用制約[18]が厳しくなり、ますます景気を悪化させる。つまり、「資産価格の低下→不良債権の発生と信用制約→総需要の収縮→資産価格の低下→不良債権の増加と信用制約→総需要の収縮」という悪循環を通じて経済が疲弊することになる。このような現象を「ファイナンシャル・アクセレレーター（金融増幅効果）」というが、この時期には、まさに日本経済はファイナンシャル・アクセレレーターの状態になり、信用収縮が激しくなっていた。

　このようにバブル崩壊は不良債権を発生させることに加え、景気の悪化とともに不良債権そのものも増大してくることになる。ここで不良債権が、「不況における不可抗力」から発生したものなのか、金融取引における情報の非対称性から経営者の怠業（つまり、モラル・ハザード）によって発生したものなのかは、貸し手である債権者からはわからない。そのような状態において、「不況」を理由に債務者から新規資金の貸出を要求された場合、本当に「不可抗力」の場合には「デット・オーバーハング」[19]という問題があっても、「追い貸し」を行うことが経済合理性に適う場合もあろう。しかし、モラル・ハザードの場合には、その行動を是認したことになり、モラル・ハザードを増長させてしまう可能性がある。

　以上から、貸し手は「既存債務の優先返済」にこだわることになるので、「債務が期限通りに返済されない場合には、状況の如何にかかわらず、既存の債務を優先的に返済しないと、貸出は行わない」という態度を取ることになってしまう。これを「不良債権のペナルティ」という。

3．不良債権処理と公的資金注入

1 不良債権処理の「先送り」

　上記のように「ファイナンシャル・アクセレレーター」が起こると急速に経済が悪化するとともに、「不良債権のペナルティ」が課せられることにより、一気に倒産企業が増加し、経済が混乱することになる。一方で、「一気に倒産企業が増加」すれば、その時点では非常に危機的な状態になるものの、事態の収拾も比較的早く行うことができるので、最悪期が短く済むという考え方もあった[20]。

　ところが不良債権については以下のような認識が銀行や規制当局の間では一般的であった。

- バブル崩壊後、多くの企業が債務超過になっているものの、その原因は「資産価格の下落という外的な一時的なショック」と考えられていたこと
- 銀行等としては、企業を倒産させてしまうよりも「追い貸し」を認め、経営を継続させることにより、一部でも債務の返済をさせた方が、倒産をさせたという責任を問われないという近視眼的な考え方が主流であったこと
- 不良債権が発生した企業の融資打ち切りをしても、「担保主義」による貸出以外に有効な貸出手段がないので、融資打ち切りによって問題解決になるとは考えられないという思いがあったこと
- 企業を延命させれば（つまり、追い貸しをすれば）、いずれ景気が回復したときに再建する可能性があり、特に「公共事業関係（土木事業）」は公共投資に対する期待が高く、延命をする方が「将来的には得である」という考え方があったこと
- 会計的にも「簿価」による評価が主流だったため（現在は時価が主流）、先送りがしやすい会計制度であったこと

　結局、このような認識があったことから、「不良債権のペナルティ」を課すことを「先送りする」という行動をとったため、理論で想定した経済状態よりも

事態を悪化させ、不況を長引かせる結果になった。

コラム5：デット・オーバーハング

　債務超過に陥っている企業A（資産80、負債100）があったとする。しかし、この企業Aが新規資金20に対して30の収益を得ることのできる投資機会を持っている場合を考える。この場合、新規資金20を追い貸ししてもらい、その投資機会に資金を投下すれば、次期には30の収益を得ることが可能である。

　しかし、この企業Aには当初から負債100があるので、返済順位はその負債から返済する必要がある。そうなると、追い貸しをした貸し手は20を融資しても10しか回収できず、損が発生することになる。

　このように、単独では優良な投資機会であっても、トータルでは「貸出を行えない」場合がある。これを「デット・オーバーハング」という。これは、十分な収益が望める投資案件であっても、資産価格の下落によって、銀行は「貸し渋り」をする可能性があると同時に、「資金を回収」され、事業の継続ができない借り手が発生することを意味する。

　また、このように事業の継続ができなくなってしまった企業の負債は、返済の可能性がない、または、極めて難しいことになるので、このような「負債」を貸し手サイドで「不良債権」とよばれることになる。

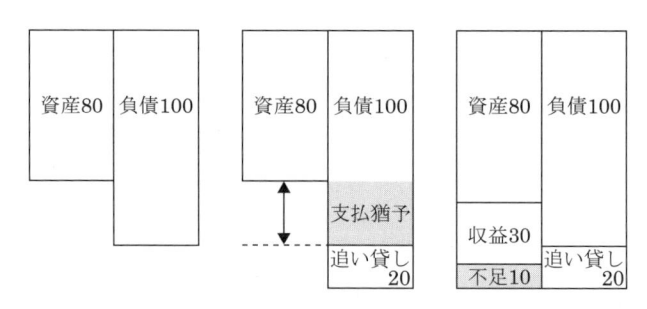

図5-2　デット・オーバーハングの仕組み

2 信用秩序維持と公的資金注入

　加えて不況を長期化させた大きな要因の一つとして、大蔵省が発表する金融機関の不良債権額に対する不信感も挙げることができよう。

　大蔵省が金融機関の不良債権額についてはじめて発表したのは1992年4月であるが、市場の一部では20～30兆円を予想していたにもかかわらず[21]、発表された金額は主要21銀行の総資産（1992年3月末）に対して1.13％にあたる、約8兆円であった[22]。この発表を受け、市場では様々な憶測が流れ、金融関連銘柄を中心に株価が大きく下落した[23]。大蔵省はその後も市場の思惑等を払しょくするために、ヒアリングを通じて把握した不良債権額等の公表（ディスクローズ）を行っていたが、表5-2からもわかるように発表ごとに金額が増加していった。そして、1995年6月には不良債権の定義を拡大したことにより、13兆円から40兆円に修正した。このような発表のやり方は「大蔵省は正確な金額を知っているにもかかわらず小出しに発表しているのではないか」という印象を市場に抱かせることになり、海外や評論家（銀行アナリストなど）からは「100兆円の不良債権が存在する」という試算が実しやかに市場に流れていた[24]。

　株式市場ではこのような思惑等を根拠として脆弱な財務体質の金融機関をターゲットに売り浴びせられ、当該金融機関の株価が下落することによって、大口預金等の解約によりいっそう経営が厳しくなる金融機関も増加するようになった。

表5-2　不良債権関係年表

年月	出来事
1992年4月	1992年3月末の不良債権公表（7～8兆円）
9月	参議院決算委員会で1992年3月末の不良債権の金額の詳細公表（7兆9927億円）
10月	1992年9月末の不良債権12兆3000億円、うち回収不能債権額4兆円と発表
12月	金融制度調査会作業部会中間報告不詳債券の情報開示の方向を提示
1995年6月	不良債権の定義を拡大。不良債権額を13兆円から40兆円に修正
12月	1995年9月末の不良債権38兆円と公表

出所：小峰・岡田『バブル／デフレ期の日本経済と経済政策について』（2011）図表4-1引用（p.472）

(%)

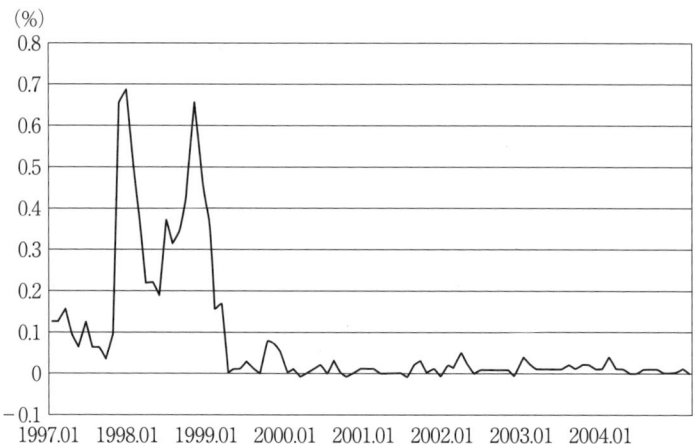

注：ジャパンプレミアムとは、英国銀行協会が公表しているロンドン市場での東京三菱銀行オファーレートとバークレイズ銀行オファーレートの乖離幅（日本銀行による試算値）。

図5-3　ジャパンプレミアムの推移
出所：日本銀行

　このような大蔵省の対応のまずさにより不良債権問題が長引き、日本経済が疲弊する中、1997年の三洋証券の破たんに続き、北海道拓殖銀行や山一證券が破たんした[25]。また、その間、二度のアジア通貨危機があり、世界的にも金融状態が不安定化していたことから、特に邦銀は他国の銀行との取引において割増金利（ジャパンプレミアム）を要求される（図5-3）ようになった。このままでは世界を巻き込んだ日本発の金融危機に陥りかねない状態となっていたこともあり、公的資金注入についての議論が本格化することとなった。

　このままでは取り付け騒ぎに発展しかねず、信用秩序を維持していくためには預金を全額保護するとともに、銀行の自己資本を補うために公的資金を注入しなければ、預金者を保護することができないということを大義名分として、1998年2月に改正預金保険法と金融機能の安定化のための緊急措置に関する法律（以下、安定化法）が成立し、1997年度第1次補正予算で、初めて公的資金枠30兆円が用意されることとなった[26]。この30兆円の内訳は、破たん処理のための17兆円に加え、安定化法により初めて破たん前の金融機関に対して公的資金を予防的に注入することが可能となったことから、その資金として13兆円が準備された[27]。

公的資金を予備的に注入することのメリットは、当然に「破たんしそうな金融機関」に先回りして自己資本増強を図ることが可能になるということにある。しかし、注入されれば「破たんしそうな金融機関」としてのレッテルを貼られることになることから、金融機関としても手を挙げづらいのが現実である。そのため、実際には「銀行が申請を躊躇したこともあって、一部（1.8兆円）を、かつ、横並びで投入するに止まった[28]」。このようなことから信用不安は終焉せず、市場では「危ない銀行探し」がその後も続き、日本長期信用銀行（長銀）や日本債券信用銀行（日債銀）等の経営問題が再燃化した。

　この処理を巡っては政治も混乱したが、紆余曲折の結果[29]、1998年10月に金融再生法[30]、改正預金保険法を含む関連法が成立した。このうち金融再生法は金融機関を破たんさせるルールを定めたものであり、これによって、長銀、日債銀は特別公的管理銀行として国有化されることとなった。また、それまでは大蔵省が金融機関を指導し、護送船団方式で監督してきたが、「密室」でのやり取りでは市場が疑心暗鬼に陥ること、加えて、国債を販売する側の大蔵省が、国債を購入する銀行を指導するということの問題点もあるため、1998年6月に銀行への規制当局として「金融監督庁（現金融庁）」を置くことになった。このように金融監督行政の形式的枠組みがそろったことで、この時期を境にそれ以前とそれ以降に分けて考えることできる[31]。

　さらに1999年に早期健全化法[32]が成立し、公的資金枠は総額60兆円となったことから東京三菱銀行を除く大手15行に対し、7兆4592億円の資本注入が実施された。これは横並びと批判された安定化法による資本注入の約4倍の規模にあたる金額[33]であり、金融システム安定への一応の枠組みが整った。

コラム6：金融再編とディスクロージャー

　上述の通り、金融再生法成立および金融監督庁の設置によって、護送船団方式のような「密室」で物事が決まる不透明な時代から、「ルール」によって処理される時代へと変わった。そのため、体力のない銀行は吸収され、大手でも、再編が進むようになった（図5-4）。

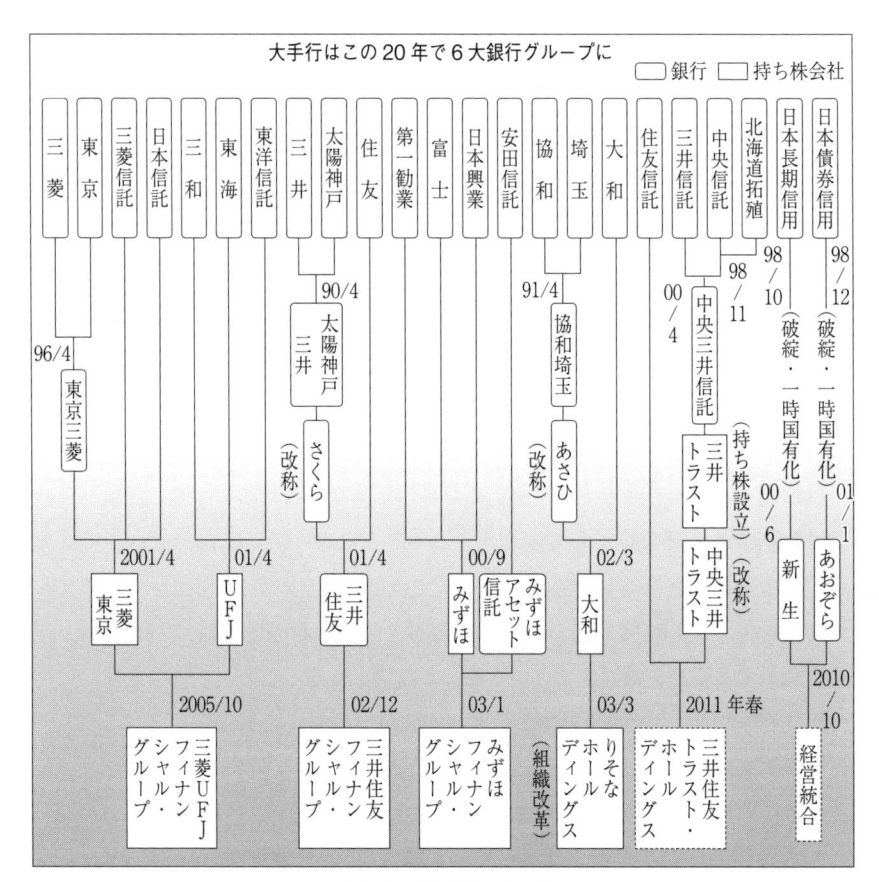

112　第Ⅲ部　成熟経済における金融

図5-4　金融再編の推移
出所：日本経済新聞2009年11月15日付朝刊（4面）引用

　また、不良債権の定義も「1998年の銀行法の改正により、銀行の資産内容の開示が法的に義務付けられ、1998年3月期から、リスク管理債権の公表が開始」されるようになった。さらに「金融再生法に基づいて資産査定が開始され、大手行は1999年3月期から、金融再生法開示債権として開示が義務付けられるようになった」[34)]。なお、リスク管理債権、および、金融再生法開示債権については表5-3・表5-4の通りである。

表5-3 リスク管理債権

①	破たん先債権
	会社更生法、民事再生法による更生、再生手続き開始の申立て、破産の申立てまたは整理開始・特別清算開始の申立てなどの事由が生じている貸出金。
②	延滞債権
	元本または利息の支払いの遅延が相当期間継続していることその他の事由により、元本または利息の取立てまたは弁済の見込みがないものとして未収利息を計上しなかった貸出金（①および債権者の経営再建または支援を図ることを目的として利息の支払いを猶予している貸出金を除く）。
③	3か月以上延滞債権
	元本または利息の支払いが約定支払日の翌日から3か月以上遅延している貸出金（①②を除く）。
④	貸出条件緩和債権
	債務者の経営再建または支援を図ることを目的として、金利の減免、利息の支払い猶予、元本の返済猶予、債権放棄その他の債務者に有利となる取りきめを行った貸出金（①～③を除く）。

出所：全国銀行協会『やさしい銀行のよみ方 Part2―くわしくわかる銀行のディスクロージャー』

表5-4 金融再生法開示債権

①	破産更生債権及びこれらに準ずる債権
	破産、会社更生、再生手続きなどの事由により経営破たんに陥っている債権者に対する債権及びこれに準ずる債権。
②	危険債権
	債権者が経営破たんの状態には至っていないが、財政状態および経営成績が悪化し、契約に従って債権の元本の回収及び利息の受取りができない可能性の高い債権。
③	要管理債権
	●3か月以上延滞債権（元金または利息の支払いが約定支払日の翌日を起算日として3か月以上延滞している貸出債権） ●貸出条件緩和債権（経済的困難に陥った債権者の再建または支援を図り、当該債権の回収を促進すること等を目的に、債権者に有利な一定の譲歩を与える約定条件の改訂を行った貸出債権） いずれも①②を除く。なお、要管理債権は貸出金単位で分離する。
④	正常債権
	債権者の財務状態及び経営成績に特に問題がないものとして、上記以外に区分される債権。

出所：全国銀行協会『やさしい銀行のよみ方 Part2―くわしくわかる銀行のディスクロージャー』

【注】

1) このような社会インフラ関係は、初期費用が高くなってしまう上に、稼動までの建設に長い期間を要するため、当初の配当は少ない(またはゼロ)という欠点がある。ただし、そのため、資本設備が整えば、独占に近い状態になるので、投資収益率は安定的に高い水準を保つことが可能である。
2) 経済の先行きが見えない中、勤め先の企業もいつ倒産するとも知れないため、当面の生活費を蓄える必要から低いレベルでも金融資産を持とうとするのである。その場合、「いつ使用するかわからない」ものの、使用するとなれば生活資金なので通貨性資産である必要がある。そのため、収益性よりも流動性を求めることになると考えられる。
3) 海外からの資金流入によって資金需要を賄うことも考えられるが、ここでは国内情勢を中心に進めていくので、海外からの資金流入については省略する。
4) 不良債権問題により、現在はなくなったが日本長期信用銀や日本債券信用銀行、および、合併により名前がなくなった日本興業銀行などが長期信用銀行にあたる。
5) ここで設備資金を長信銀が行う仕組みになっていたのは、設備資金は長期(この場合当時の日本は経済復興期であり、巨大な設備を一から作る状態なので、かなり長い期間であった)が主であるため、商業銀行のようにその貸付資金の源泉が預金である場合には、期間の不一致が著しい。そのため、長信金では普通銀行とは違い金融債の発行が認められていたことから、資産と負債の期間的なギャップがなく健全性を保つことができたのである。
6) 信用金庫の所在する地域の会員中小企業(従業員数300人以内、あるいは資本金9億円以下)が対象となる。
7) 農協などは系列の上部団体が預金を吸い上げ、その資金を自ら貸出に回したり、都銀等に供給していた。
8) 国債の大量発行については岡部(1999a)や岡部(1999b)などを参照のこと。
9) エクイティー(equity)とは株式のことであり、何らかの方法により株式の発行を伴うような資金調達のことを「エクイティーファイナンス(equity finance)」というので、直接的には「株式の公募増資」を意味する。しかし、「転換社債」や「ワラント債」(現在ではともに「新株予約権付き社債」に含まれているが、1980年代後半にはどちらも大量に発行されていた)のように当初は債券として募集するが、条件次第では株式の発行を伴うようなものも同様に「エクイティーファイナンス」という。
10) 「知名度がある」ということ。上場会社や規模が大きく誰でも知っている企業は、「知名度」があるだけで中小企業に比べて安心感がある。
11) ポートフォリオ効果は《コラム1》を参照のこと。ただし、この場合の分散化とは、「地域的な危険分散」と「業種的な危険分散」の両方の効果が考えられる。
12) この場合、「担保」として土地が一般的であるが、「担保」としては株式等の金融資産も担保になる。ただし、当時(バブル崩壊前)は土地神話があり、土地は値下がりしないものと考えられていたため、土地は他の資産とは別格に担保価値があると考えられていた(株式等

は株式相場により日々変動し、値下がりの可能性が土地に比べて高いと考えられていた）。

13）バブル形成過程とその崩壊については、宮崎（1992）がわかりやすい。

14）一般には「総量規制」といわれ、1990年に行われた土地に対する大蔵省銀行局長通達による融資規制のことをいう。

15）不良債権問題については、堀内（1998）がわかりやすい。

16）当時は大蔵省（現金融庁）。

17）返済のための資金や金利を貸し付けるような融資のこと。

18）景気動向が不安になり、企業業績に対する予測が難しくなってくると事業からのキャッシュフローよりも、「担保」の実質的な価値の方が「確実性がある」ため、貸し手は、担保となり得る資産の価値に敏感になる。そのため、担保となり得る資産の価値が少し変化するだけで、多くの貸し手が同様の行動を起こすことから、経済全体に大きな影響が出ることがある。つまり、担保として使用していた土地の価格が下落すると、担保価値が下がることから、貸付限度額が引き下がり、資金供給が止まる上に、資金の回収に動くことも考えられる（いわゆる、「貸し剥がし」）。このような現象は、好況の時期には担保価値も景気の好調を受けて高くなることから、あまり見られないものの、不況期には担保価値そのものが貸出限度の域まで下がる可能性があることから、非常に大きな問題となる。このように貸出が担保価値や担保となり得る資産の価値に影響を受けることを「信用制約」という。

19）デット・オーバーハングについては《コラム5》を参照のこと。

20）ただし、「不良債権のペナルティ」という制約条件は、すでに資金を供与している債務者企業に対する投資家・銀行の事後的な判断によってなされるものなので、「必ず行われる」とは限らないことには注意する必要がある。

21）小峰・岡田（2011）p.470参考

22）この点に関し「平常時の不良債権比率は0.3％程度と考えられていたから、これでも（大蔵省としては）文字通りケタ外れの不良債権であった（（　）内は筆者加筆）」西村（1999）p.118引用。

23）このような中、宮澤喜一首相は公的資本注入を模索したが、国民の税金を「どうして銀行救済に使うのか」というマスコミ等世論の反発を受け、公的資本注入は断念せざるを得なくなった。その結果、その後、公的資本注入は政治的にタブー視されることとなり、不況をいっそう長引かすこととなったと考えられる。なお、宮澤構想とその挫折については小峰・岡田（2011）pp.474－476参照。

24）西村（1999）p.121参考。1999年7月の不良債権額は80兆円であったので「概ね市場の試算が正しかった」とみる向きもあろうが、西村（1999）ではその後の地価の下落によるところが大きいのであり、当時として「80兆円や1000兆円とかいうのは、当時の不良債権額としては根拠の乏しいもの」と考えている。

25）山一證券の破たんは「飛ばし」つまり、不正会計（損失隠し）によって2648億円の簿外取引を行っていた事件が原因であり、不良債権問題とは異なる。とはいえ、日本の四大証券

の一つであった山一證券は世界的にも有名であり、そのような大証券会社が廃業に追い込まれたことは、国内外に日本の金融システムに対する不安を一層掻き立てることになったのは間違いない。

26) 鎌倉（2005）p.3参照。
27) 鎌倉（2005）p.3参照。
28) 西村（1999）p.186引用。
29) このあたりの状況については西村（1999）等を参照のこと。
30) 金融機能の再生のための緊急措置に関する法律。
31) 櫻川（2006）p.131参照。
32) 金融機能の早期健全化のための緊急措置に関する法律。
33) 鎌倉（2005）p.3参照。
34) 櫻川（2006）p.131引用。

第III部　成熟経済における金融

第6章
日本型金融の問題点

1．日本の量的緩和時における資金循環

1　不況期における銀行行動

　これまでみてきたように金融再生法等によって金融システム安定への新たな枠組みは整った。とはいえ、実体経済は極めて悪く、景気状況は深刻さを増していた。そのため、日銀は超金融緩和政策を採用し、とうとう1999年2月以降にはゼロ金利政策を開始し、無担保コール翌日物の誘導目標金利を0.15％に置くことになった[1]。しかし、その後もデフレ状態が続いたため、2001年3月以降においてマネービューで想定していたような金融政策ではなく（つまり、金利水準を目標とする金融政策ではなく）、日銀当座預金の残高自体を目標とする政策（量的金融緩和）をとることになった[2]。

　この政策では、日銀が市中銀行に対して日々必要とする量を超える流動性を供給するので、市中銀行の大半は、実際には必要としない日銀当座預金残高を保有することになる。しかし、日銀当座預金はいくら多く保有しても「無利子」なので、経営戦略上あまり意味がない[3]。ところが、この政策が一時的ではなく、将来も続くということが市場で信じられているとすると、長期金利の上昇は抑えられるはずである[4]。なぜならば、長期金利と短期金利はともに裁定が働くため、短期金利が持続的に低い水準で推移するのであれば、長期金利が上昇

した場合、短期金利でつないだ方がよいことになるからである。このようなことから、「市中銀行は無利子の当座預金をそのまま保有するよりも、貸出や債券に資金をシフトさせるであろう」という考え方が成り立つことになる[5]。

つまり、ゼロ金利政策に続く量的金利政策は、一時的であれば効果はあまりないものの、当時は「消費者物価が持続的に0％以上になるまでこの政策を継続する」と日銀がコミットメント（市場に対する「約束」）をしていたので、徐々にではあるものの、ポートフォリオ・リバランス効果が働き、景気状態が上向きになってくることを期待されていた。

しかし、図6‐1からわかるように2002（平成14）年10月の「金融再生プログラム[6]」以降、銀行等の各業態とも預貸率が低下し、預証率が上昇していることがわかる。

これは主要行において「不良債権比率を半減させる」という目標が課せられていたことから、各行ともに不良債権処理を積極的に行うとともに、さらなる不良債権の発生を引き起こさないように貸出を減らし、余資運用を増加させた結果であろう。ただ、主要行以外の信用金庫および信用組合については、主要行に課せられた「不良債権比率を半減させる」という目標はなく、リレーションシップバンキングの推進を積極化させる方向で政策が行われた[8]。しかし一方で、金融庁は自己資本比率規制の厳格な適用を求めることから、金融機関の中

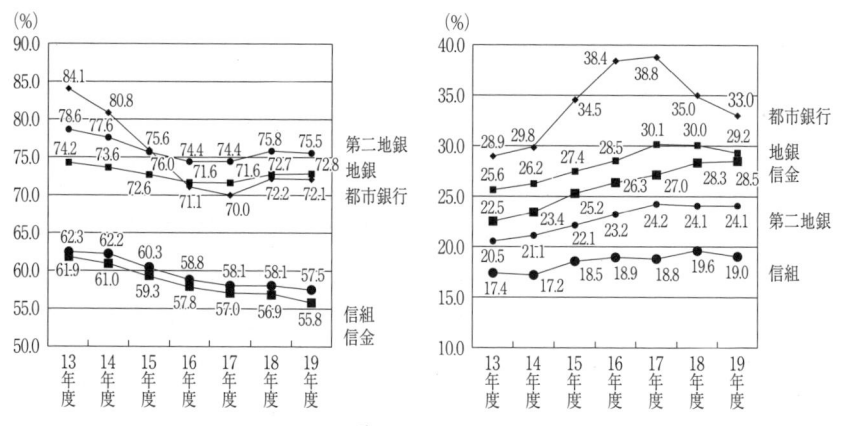

図6-1[7]　銀行等の各業態
出典：全国銀行協会『全国財務諸表分析』等

には「信用秩序の維持」を盾にして貸出債権を絞り、総資産を圧縮することで自己資本比率の向上を図る主体も存在した可能性は否めず、それが図6-1に現れる結果になったものと考えられる。

　このように銀行等は、自己資本比率などの数値を堅持し、経営の健全を保持しながら、自己の裁量で貸出業務を行うことになる。この場合、銀行等の自身の自己資本が潤沢にあり、外部環境が良好であるような時、例えば、景気に下振れリスクがあまりないような時期（好況期）においては、銀行等は積極的に貸出を増加させる方向に経営の舵を切ると考えられる。なぜならば、景気に下振れリスクがあまりないような時期であれば、一般的にも貸倒リスクが小さく、経営リスクが生じにくい時期と考えられることから、経営資源としての貸出を増加させ、収益の増加を図るからである。

　他方、銀行等の自身の自己資本が潤沢にあったとしても、景気に下振れリスクが増大した場合（不況期）には、実際には自己資本規制比率の問題が生じないような時でも、銀行等は貸出を手控えようとする可能性は否めない。なぜならば、銀行等の自己資本は総資産に対して非常に少ない割合しかなく、総資産の内でも多くを占める貸出のわずかな変動でも、自己資本比率に影響を与えるからである。また、そもそも日本の銀行等の自己資本比率は、欧米のそれに比べれば高くない上に、価格変動の激しい株式保有の割合が高いことから、自己資本比率に対しては保守的に経営を行っている可能性も考えられる。

　このように銀行等は、経営の健全性の観点から、特に、不況時においては、総資産における貸出の割合を低下させようとする行動を起こしやすい主体と言える。さらに日本では上述の通り、平成不況時において不良債権についての定義が曖昧であったことが原因で、邦銀は海外からの信頼を失い、1998年の金融危機においては、いわゆる「ジャパンプレミアム」と呼ばれる割増金利を支払わないと資金調達ができない状態に追い込まれた経験があり、不良債権の査定については金融庁からかなり厳しいルールが課せられるようになっている。

　このルールについては、銀行等の業態や規模などを勘案しているとはいえ、不況時においては銀行等の行動を制約するものとなり、積極的な貸出は手控えられるとともに、健全先から転落してくる貸出相手先についての契約継続を拒否

(いわゆる「貸し剝がし」)したり、追加融資についてはそれを受け付けない(いわゆる「貸し渋り」)場合も増加してくることになる。

　このような行動は、銀行等そのものの「経営の健全性」の観点からみて、致し方ない行動であり、預金通貨の安定的な供給(つまり、信用秩序の維持)という観点からすれば、むしろ正当な行動と言わざるを得ない。とはいえ、不況期に資金的な供給を受けることができなければ経営の継続も困難となり、それが続けば破たんに追いやられる主体も増加する。そうなると失業者の増加とともに、ますます景気を悪化させる要因となる。しかし、「だから」といって、そのような主体に積極的に資金供給を行うことは、銀行等の健全性、強いては金融システムにおける「信用秩序の維持」の観点から問題となろう[9]。

　以上のように、量的緩和のような金融緩和政策を行ったとしても、中央銀行が取引を行うのはあくまでも市中銀行等の金融機関であり、資金自体が事業法人等に直接流れるシステムにはなっていない[10]。そのため、市中銀行等に日銀当座預金のような資金が潤沢にあったとしても、景気変動等に伴う経営リスクが高水準である場合には、銀行等が積極的に貸出を行うとは限らず、実体経済にとって必要となる資金が回っていかないという場合が多いのである。

2　量的緩和と円キャリートレード

　実際、地方や中小、特に零細に属するような小さな企業に対する融資姿勢は概ね慎重であり、この点が大きな問題といえよう(この点に関しては章を改めて議論する)。しかしながら、実体経済に資金が流れない要因として銀行等のサイドの問題の他、日本国内では、企業自身が「おカネを持っている(「キャッシュ・リッチ」な状態になっている)」上に、「金利を払ってまで行う価値のある事業」があまり存在しない[11]ため、そもそも「銀行から借りよう」という必要性がないということもある。

　そのような中、銀行等は「国内企業に貸す」のではなく、図6-1でみたように、証券投資として海外投資家に供給している可能性がある。このような取引のことを総称して「円キャリートレード」という。

　図6-2は経済財政白書(平成19年度版)に載ったシカゴ通貨先物市場

(10億円)

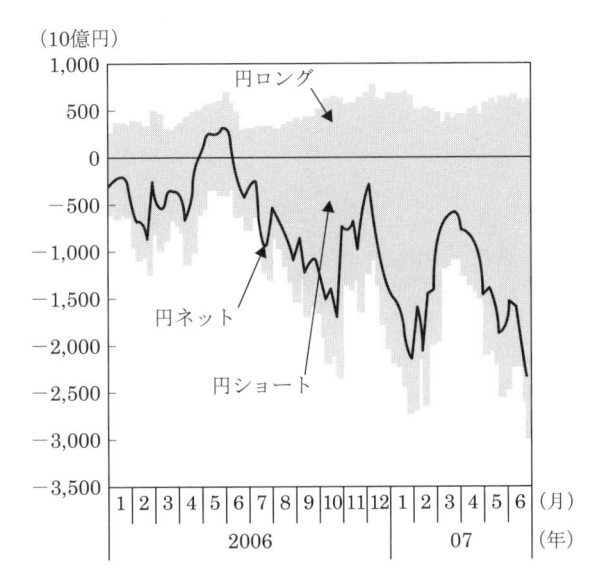

図6-2 シカゴCMEの円ポジションの推移
出所:内閣府経済社会総合研究所「平成19年度経済財政白書」第1-2-7図引用 (4) CME通貨先物の持ち高動向

(CME) の投機筋にあたるもの (実需以外という取り方) をグラフ化したものである。この統計は単にシカゴ先物市場に参加している投資家の一部の先物ポジションに過ぎないので、世界中に存在するヘッジファンド等の投資家を把握できるわけではないが、その一端を示しているといえよう[12]。

ここで円の売りポジションが急速に増加していることがみてとれる。これは邦銀より、低利の円資金を借入、米ドル等の通貨に換金することによって、利ざやを稼ごうとしているポジションであるといわれている。

実際、国内企業が銀行から「おカネを借りてくれない」ものだから、おカネの価値をディスカウントする意味で、歴史的に類をみないほどの「低金利状態」になっている。このように「低金利」の円に対して、他の国の通貨 (例えば「ドル」や「ユーロ」など) は相対的に「円金利よりも高い状態」にある。つまり、他の国では日本よりも、「借りてでも行う価値のある事業」が比較的多く存在することになるので、「低い金利で借入れることが可能」であれば、「円資金」であっても、借りることになるはずである。しかし、日本では「円通貨」は使用で

きるものの、他の国では「円通貨」のままでは使用が困難である（つまり、決済できない）ため、借り入れた円資金を市場で売却し、使用しようとする国の通貨（例えば、「ドル」）にかえることになる。これが上記のグラフに現れているポジションである。

　ここで「円通貨を売って、ドル通貨を買う」という売買が行われれば、当然、「円安ドル高」になるはずである。また、もし、借りていた「円資金」を返す時点でも「円安ドル高」のままであれば、結果的に「低い金利で借り入れた」のだから「非常に有利な取引であった」ということになる。実際にもそのような投機を狙った取引が一般的であるといわれている。ところが、ここで問題になるのは「円資金を返済する時点（つまり、将来時点）」で「円高」になっていれば「有利ではなくなる」ということである。つまり、円キャリートレードの期間において「円高にならないこと」が必要不可欠あり、将来時点において円高になると予想される場合には、すぐにこのような取引を解消するため、その反対売買によって大きく円高方向にシフトする可能性があることになる[13]。したがって、このような円キャリートレードが行われると、通貨価値が大幅に振れることになり、実体経済を不安定化させる要因となる。

　このように日本経済の活性化を目指して行われた量的緩和政策であるが、投機的な動きをも誘引してしまい、「世界的に過剰流動性の供給をしたのでは？」という可能性も否めない。

3 リーマン・ショック前後の資金循環

　図6-3および表6-1は米国の国際収支をみたものである。円キャリートレードの資金が実際にどの程度あるかを統計上把握することは難しいものの、図6-3より、米国はリーマン・ショックが起こった2008年以前は一貫して他国から資金を調達し、経常赤字をファイナンスしていることがわかる。しかし、他国からのファイナンスは常に米国の経常赤字額よりも多く、また、経常赤字に匹敵するほどの金額が米国から他国に流されていることも同時に読み取れる（これらの取引が世界規模であることは図6-4よりわかる）。これは、米国が世界から資金を調達すると同時に、例えば、2007年であれば1兆2900億ドル弱にも

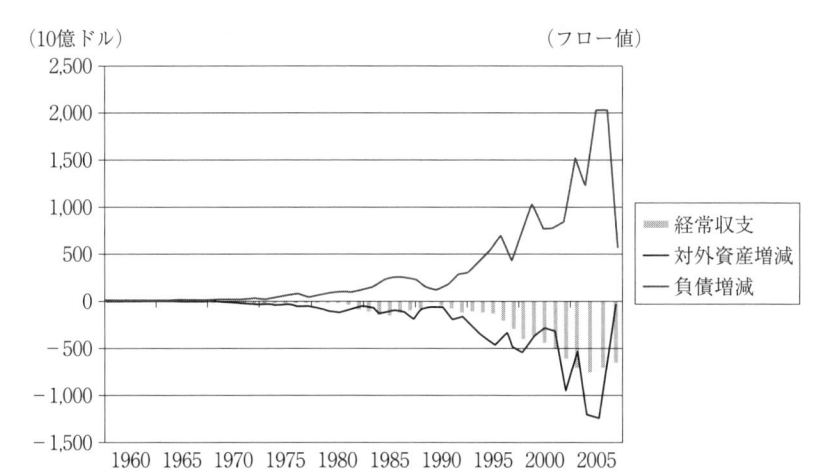

第6章 日本型金融の問題点　123

(10億ドル)　　　　　　　　　　　　(フロー値)

注：国際収支統計では、自国（ここでは米国）への資本流入（流出）がプラス（マイナス）として表記されることになっている。したがって、グラフ上、「上」に行くほど米国内への資本流入（負債）が増加、「下」へ行くほど米国内からの資本流出（対外資産）が増加することになる。経常収支は0よりも「上」が黒字、「下」が赤字となる。

図6-3　米国の対外資産・負債状況および経常収支
出所：Bureau of Economic Analysis "International Economic Analysis"

表6-1　米国の国際収支

(10億円)	経常収支	対外資産の増減	負債の増減
2005　1Q	▲157.6	▲133.7	234.4
2Q	▲180.3	▲224.7	308.4
3Q	▲182.4	▲213.4	426.9
4Q	▲208.7	25.2	277.7
2006　1Q	▲178.3	▲367.0	537.4
2Q	▲201.5	▲235.2	407.6
3Q	▲224.8	▲293.8	526.3
4Q	▲183.5	▲355.8	589.8
2007　1Q	▲178.0	▲448.7	692.6
2Q	▲193.4	▲526.2	720.7
3Q	▲186.5	▲179.4	267.2
4Q	▲173.3	▲135.5	377.2
2008　1Q	▲155.3	▲272.1	459.4
2Q	▲182.7	98.2	25.6
3Q	▲200.8	19.0	123.3
4Q	▲134.5	102.4	▲9.3

注：国際収支統計では、自国（ここでは米国）への資本流入（流出）がプラス（マイナス）として表記することになっている。したがって、プラスの値が大きいほど米国内への資本流入（負債）が増加していることを、逆にマイナスの値が大きいほど米国内からの資本流出（対外資産）が増加していることを示す。経常収支はプラスが黒字、マイナスが赤字となる。

出所：Bureau of Economic Analysis "International Economic Analysis"

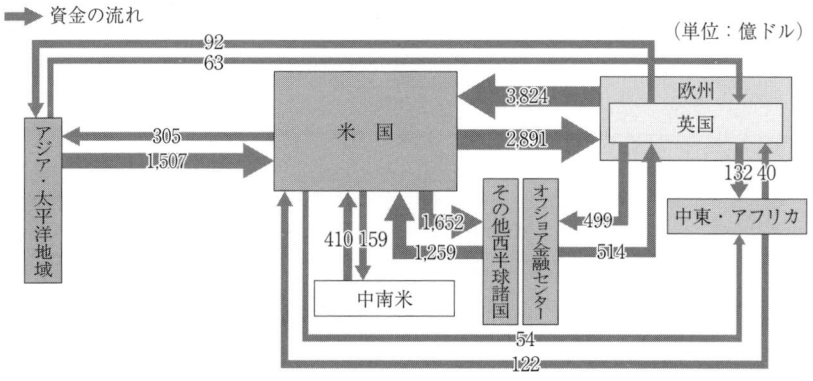

124　第Ⅲ部　成熟経済における金融

図6-4の内容（資金の流れ、単位：億ドル）：
- アジア・太平洋地域 → 米国：305、1,507
- 米国 → アジア・太平洋地域：92、63
- 欧州・英国 → 米国：3,824
- 米国 → 欧州・英国：2,891
- 英国 → 中東・アフリカ：132、40
- 米国 ↔ 中南米：410、159
- 米国 ↔ その他西半球諸国：1,652、1,259
- オフショア金融センター ↔ 米国：499、514
- 中東・アフリカ ↔ 米国：54、122

備考：①投資収支（直接投資、証券投資等の合計）から見た資金の流れ。▲（マイナス）は流れが逆方向（リパトリエーション）であることを示す。②データの制約から、アジア・太平洋地域、中東・アフリカおよびオフショア金融市場は、英国との銀行部門のみを記載。③オフショア金融市場は、Aruba, Bahamas, Bahrain, Barbados, Bermuda, Cayman Islands, Guernsey, Isle of Man, Jersey, Lebanon, Macao, Mauritius, Netherlands Antilles, Panama and Vanuatuの計14か国・地域。

図6-4 [14]　主要国・地域の資金の流れ（2007年第2四半期）
資料：米国商務省、Bank of Englandから作成。

及ぶ巨額な資金を海外に流していることを意味する。つまり、米国は世界のマネーフローにおける"ポンプ"のような役割を果たしていたのであり、このような資金の循環がグローバルな金融市場を形成したのである。

　ところが表6-1より、いわゆる"サブプライムローン問題[15]"が顕在化した2007年の夏ごろから、米国への資金流入および資金流出ともに減少し、リーマン・ショックがあった2008年第4四半期には対外資産が回収（資金流入）になり、しかも、国際収支上の負債も返済（資金流出）になっている。つまり、米国は自国の経常収支をファイナンスするためにリパトリエーション（資金回帰）を行っていたと同時に、米国自身も他国からリパトリエーションされていたことが読み取れる。このような世界的なマネーフローの変質によって、世界中の金融市場が混乱し、国際間においても、また、国内的にも多くの主体が一斉に流動性を確保しようとしたため、流動性確保そのものが難しくなり、健全な経営を営んでいた企業でさえ、資金繰りに窮する形になったことから倒産に追い込まれるなど、実体経済を巻き込んだ世界的な危機に発展していった。

　このような中、行き場を失った世界中の投機性資金はコモディティ市場に向かい、金（ゴールド）市場、その後、原油市場に入り込むこととなった。大量の資金

がコモディティという小さな市場に入り込んだため、価格が一気に高騰し、原油価格は一時 1 バレルあたり 140 ドルを上回る水準にまで上昇した。このような原油価格の高騰は、実体経済にも直接影響を及ぼすこととなったため、産業の川上の物価だけに留まらず、各国の消費者物価も軒並みに高騰させることとなった。

2．成熟経済における資産形成

1 「経済的問題」が「解消される」ということ

ここでは、リーマン・ショックのような大きな経済的ショックを引き起こす原因となる投機性資金の発生メカニズムについて、「富の蓄積」という面から考察する。ここで投機性資金は貨幣として蓄積されることから際限なく増加するが、これは「営利企業の原則」を基本とする資本主義経済では不可避な事象であることを明らかにする。

ケインズ[16]は「経済的問題は、100年以内に解決されるか、あるいは少なくとも解決のめどがつくであろう」[17]と予言している。ここで言う「経済的問題」とは「生存のための闘争についての問題」であり、これは人類にとって「第一義的な最も切迫した問題」であると考えられてきたものである。そして、この「生存のための闘争」において人類が必要とするものは、「われわれが仲間の人間の状態の如何にかかわらず感じるという意味[18]」での「絶対的な必要（absolute needs）」に属するものである[19]。「絶対的な必要」は当該個人にとっての「絶対的なもの」なので、「十分に満たされた」という状態は存在するのであり、ケインズは将来時点（1930年から100年以内）において、そのような状態になると予言しているのである[20]。

そして現状、佐伯（2000）が指摘するように、日本は「生活の必要という点では経済はもはや決定的な問題ではなくなった」といえる経済状態にあり、「人間が社会生活をしてゆく上での決定的な欠乏の感覚はもはやなくなってしまった」[21]といえる。また、フライ／スタッツァー（2005）の研究では、一人当たりGDPが1万5000ドルを超えるようになると、それ以降のGDPのデルタ（差

分）が、当該国の国民が感じる幸福感におけるデルタに対して逓減するということを実証的に明らかにした[22]。これは、一人当たりGDPが1万5000ドルを超えると、生活に必要となる衣食住に関わるストックの購入や将来に対する不安を払しょくするのに必要となる貯蓄（潜在的購買力）などに支障がなくなる（つまり、「絶対的な必要」が満たされている）からであると推測できる。このことから日本を含む先進国は、すでに一人当たりGDPが1万5000ドルをはるかに超える水準にあるので、先進国に限れば、ケインズの予言はすでに的中していると考えることができよう。

しかし同時にケインズ本人は、この経済的問題が解決された後に獲得される余剰、つまり、「生活の豊かさ」によって、賢明で快適で裕福な生活を送ることのできる国民が「どれほどいるのか」という点に対して、かなり懐疑的な見解を持っていた。なぜならば、このような「豊かさ」を享受することができるのは、「活力を維持することができて、生活術そのものをより完璧なものに洗練し、生活手段のために自ら売り渡すことのないような国民」のみであるからであり[23]、「余剰の時代、豊かな時代を、不安感を抱くことなしに期待できるというような国もなければ国民もいない」と考えられるからである[24]。

他方、現在の世界経済を見た場合、このようなケインズの懸念も的中したと考えることができる。つまり、現在の世界経済においては、「富の蓄積がもはや社会的重要性をもたない」（p.330）にも拘わらず、「富の蓄積」をやめるというよりも、むしろ、加速度的に拡大している状態にあり、まさに「余剰の時代、豊かな時代を、不安感を抱くことなしに期待できるというような国もなければ国民もいない」ということを如実に物語っている状態にあるといえる。

このような状態になるのは、人間には上述の「絶対的な必要」の他に、もう一つの「必要」が存在するからである。その「必要」とは「相対的な必要（relative needs）[25]」であり、これは「その充足によって仲間たちの上に立ち、優越感を与える場合にかぎって感じるという意味」での「必要」と考えられているものである。そのため、このような「優越の欲求を満たしたい」という感情は、どこまで行っても「満たされる」という状態には至らない。つまり、現在の先進国等においては、すでに「絶対的な必要」という意味で「富の蓄積」を行

うことはなく、これらにおける社会的重要性もなくなっているが、「相対的な必要」により、「富の蓄積」がなされることになり、しかも、この「必要」は満たされることはないので、「富の蓄積」は際限なく続けられると考えられる。

2 「貨幣」と「欲望」との関係

　ここで「富の蓄積」とは、貨幣およびその貨幣価値を保蔵できる金融商品等の蓄積を意味する。しかし、佐伯（2000）が指摘するように「貨幣は剰余が生じることによって発生する」が、貨幣的交換の「本質」はあくまでも「生活の必需品の交換」[26] にあるので、貨幣は「それ自体価値をもつものではない」のであり、「あくまでも同意に基づく想像上のものでしかない」と考えられる。つまり、「貨幣的交換は、土地の生産性を上げ、労働の実質をより豊かなものとし、社会全体の富（労働生産物）を増大する限りで支持される」(p.84) ことになる。したがって、貨幣は余剰物の交換において登場するが、それは一時的に不均衡な分布になったとしても「貨幣と交換は、モノをともかくも社会の必要な場所に配置するための装置なのであり、この装置は、一方で経済的な必要をそれぞれ適正な場所に配置すると同時に、社会的には、相互に同意し承認し合った人格（財産主）の秩序を生み出す」(p.85) ことになる。このような装置を前提とした社会的なモデルを「市場＝物財交換モデル」ということにした場合、市場＝物財交換モデルでは貨幣およびその貨幣価値を保蔵できる金融商品等の蓄積もまた、社会の中に「あるべき場所（必要）」があり、そこには「過不足」という概念が存在しないことになる。その意味ではケインズの「絶対的な必要」に関係する「富の蓄積」は市場＝物財交換モデルから導かれるものといえよう。

　ところが、「市場交換は本質的に貨幣的なもの[27]」であり、しかも、即時的購買力の担い手である貨幣との交換である以上、市場においてはあらゆるものとの交換が可能であることを前提としていることから、「未知のモノ」との交換ができて初めて市場が成立することになる[28]。そして、ここでいう「未知なるモノ」には生活維持や秩序維持の次元を超えたモノも存在し、その中には奢侈的または象徴的な価値を持つモノなどが存在するが、これらは現時点の生活空間には存在しないものといえる。その上、人の欲望は「存在しないもの、不在なも

の[29]」を対象とするので、貨幣およびその貨幣価値を保蔵できる金融商品等は、その欲望を将来的に満たすために蓄積することになる。つまり、こういう「人の欲望を満たすために必要なもの」が、すなわちケインズの言う「相対的な必要」と考えられるので、このような「富の蓄積」は市場＝物財交換モデルでは生まれないことになるが、市場交換が貨幣によって行われるということを考慮すれば、社会的な過不足を超える「富の蓄積」の拡大も説明することができるのである。しかも、人の欲望には際限がないので、市場＝物財交換モデルでの結論とは違い、「富の蓄積」は無限に拡大することになる。このような貨幣の機能から導かれる状態を「市場＝貨幣的交換モデル」とすれば、市場＝貨幣的交換モデルによって導かれる「富の蓄積」は、ケインズのいう「絶対的な必要」とは乖離したものとなり、社会的重要性を持たない「富の蓄積」が拡大することを説明できる。

3 "投資"と"投機"

ここで市場＝貨幣的交換モデルにおいて蓄積される「富」は、現時点における生活の必要物資の確保のために存在するものではない。なぜなら、もし「現時点で必要なもの」であれば、それと等価の貨幣によっていつでも交換されるはずなので、そのために富として蓄積されることはないからである。したがって、人が「富を蓄積」するのは、現時点では「存在しないもの、不在なもの」を将来時点において得るためだと考えられる。このように「欲望充足の繰り延べを最も純粋に制度化したものが貨幣である[30]」といえる。換言すれば、「絶対的な必要」が満たされている状態においても、市場の中で自らのあるべき姿を映し出した時、人は必ず「欲望」が生まれるので、その「欲望の実現可能性」を先送りできるものが貨幣であるといえる。貨幣として「富を蓄積」することによって、常に存在する人の欲望を、その都度、繰り延べすることができることから、「富の蓄積」は無限に拡大されていくことになる。

しかしこの場合、「富の蓄積」は貨幣だけで蓄積されるのではなく、むしろ直接間接に株式などの金融資産として蓄積される。株式等金融資産として投資された貨幣は、社会にとって必要な生産設備等に流れ込むことを通じて、市場均

衡がはかられることになるのであり、その意味では市場＝貨幣的交換モデルと市場＝物財交換モデルがリンクすることになる。つまり、家計等の貯蓄が投資に回っている限りにおいて実体経済で過剰生産は生じないことになる。しかし、株式等金融資産は、実際の生産現場等とは切り離された金融商品として金融市場で売買される存在であり、「価値を絶えず雪だるまのように膨張させる使命を帯びた[31]」財産である。したがって、金融市場では価値の増殖を目指して「貨幣がただ貨幣と交換され、貨幣のみのシステムの中で流通し、そのことによってまさにそこにヴァーチャルな価値が形成されてしまう[32]」のである。そのため、「貨幣と貨幣の間の絶えざる差異化が生み出す剰余価値のみがここでの関心」となり、実体経済との結びつきはほとんどなくなるので、取引自体がマネーゲーム化することになる。このような状態は「投資」ではなく、「投機」と言わざるを得ないものであり、この場合そこにはヴァーチャルな価値があるだけであり、「確かな基準」というものは存在しない。あるのは「金融市場」というシステムの中で常に「流通している」ということだけである。

このようにして投機は「(短期的な)不確実性をプラス要因として活用」する。つまり、不確実性が支配する市場においては価値の変動が大きく、利益機会が増えるため、投機性資金が増加することになる。

3. 日本の金融とイノベーション

1 イノベーションへの金融

ここまで投機が市場＝貨幣的交換モデルから導かれることをみてきた。ここでケインズのいう「経済的問題」がすでに解決された社会でなければ、閉鎖社会を前提とする限り、そもそも当該社会内における「富の蓄積」が「投資」に結びつくことによって生産性の向上や生活の向上に役立つことから、貨幣や貨幣価値の増殖は問題ではなく、むしろ、その利潤は生産に投下されることになる。しかし、「経済的問題」がすでに解決された（つまり、フライ／スタッツァー(2005)等の研究で示されたある一定以上の所得が実現している）社会の場合、

投資を決める予想収益率が低水準になる。これは「資源が乏しい」とか、「生産能力が低い」とか、「労働者の勤労意欲が低い」からではなく、「人々が現在の生活水準にそれなりに満足し、将来にわたりそれほど消費を増加させない[33]」ためであり、社会が「豊か」になったからである。つまり、このような社会では、極めて低い水準の利子率が継続されなければ、投資は増加することがなく、低成長経済になると考えられる。

　ところがこの場合においても、技術革新や新商品の開拓などのイノベーションによって、シュムペータがいう「企業者利潤」によって経済成長を高めることが可能である。この点に関してヴェブレン[34]は「企業の動機は金銭的利得[35]」なので、企業は最終的に「生産物を販売することによって、その利潤を『実現』する」ことを目的しているという。ここで「『実現する』ということは、販売可能な財貨を貨幣価値に転化する」ことなので、企業にとって、「生産の決定的な点は、その生産物の販売可能性であり、その貨幣価値への兌換性であって、そのものの人類の必要性にたいする有用性ではない[36]」。したがって、「経済的問題」がすでに解決された社会においては「産業上の効率とは別に、たんなる企業関係を通じての利益や損失の機会が多くなり、また大きくなるにしたがって、企業の金銭的側面がますます不断の注意を要する[37]」ようになる。そうすると企業は「あまりもうからない事業からもうけが多い事業へと抜け目なく投資を再配分することとか、抜け目のない投資や、他の企業者との結合による景気変動の戦略的な統御[38]」に重点が置かれることになる。このような企業の活動は、産業上の効率を引き上げることはなく、また、「人類の必要性に対する有用性」を考慮することなく、単に名目的（つまり、金銭的）な価値を高めるに過ぎない[39]。以上から先進国経済は、名目上の景気変動は大きいものの、実質的には徐々に長期停滞し、低成長または「定常経済[40]」に陥ることになろう[41]。実際、日本はすでに長期的な停滞状態に入っていて、今後は先進各国も同様に「豊かさの中の停滞」を経験するようになると考えられる。そうなると「豊かさの中の停滞」の中で積みあがった金融資産の多くは「貨幣と貨幣の間の絶えざる差異化が生み出す剰余価値のみがここでの関心」となり、実体経済との結びつきはほとんどなくなるかもしれない。

第6章　日本型金融の問題点　　131

　しかし、多くの金融資産が同質化してくれば、敢えて未知の可能性を秘めた技術革新や新商品の開拓などのイノベーションを求めて実体経済と結びつく金融資産も現れる。特に米国では証券市場が発達し、最終的貸し手である家計がリスクテイクする仕組み（Market-oriented-Systems[42]）となっていることから、創業間もない企業への投資も投資家の自己責任で行うことが可能となる。一般に「1人当り所得水準が上昇するにつれて、個人の金融資産選択が次第に多様化してくるのは、避けがたい傾向」[43]であり、先進国では金融資産の多様化（ダイバーシフケイション）することによって、「豊かさの中の停滞」にあってもシュムペータがいう「企業者」に必要な資金が流れることで経済成長を起こすことができる。

　ところが日本の金融市場は、例えば、株式市場に見られるように、米国に比べて発展が著しく遅れている。図6-5[44]より、日本で株式を上場・公開することによって資金調達ができる企業は、4200社程度である。現在、日本には420万企業[45]あるとされていることから、株式市場で資金調達が行えるのは0.1％に過ぎないことになる。しかし、米国では約25000社が株式市場で資金調達ができるので、単純に規模の点からいっても、米国株式市場は日本の5倍あるとい

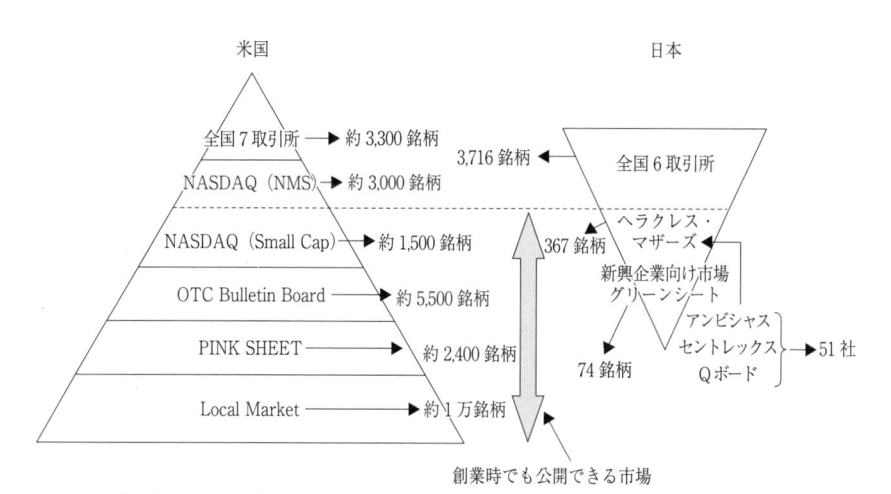

米国		日本	
全国7取引所	約3,300銘柄	3,716銘柄	全国6取引所
NASDAQ（NMS）	約3,000銘柄		
NASDAQ（Small Cap）	約1,500銘柄	367銘柄	ヘラクレス・マザーズ
OTC Bulletin Board	約5,500銘柄		新興企業向け市場 グリーンシート
PINK SHEET	約2,400銘柄	74銘柄	アンビシャス セントレックス Qボード → 51社
Local Market	約1万銘柄		

創業時でも公開できる市場

注：米国は2003年末の数字、日本は2008年10月の数字。

図6-5　日本と米国の証券市場の違い
出所：日本証券業協会（平成21年度）『外務員必携』p.46の図を引用

うことになるが、中でも注目すべきは「創業時でも公開できる市場の数[46]」である。日本のそれは500社にも満たないが、米国では2万社近くに及んでいる。創業時でも公開できる市場の数が日本の20倍という数字を考えれば、上述の通り、米国では創業時の企業であっても個人投資家がリスクテイクするくらい金融資産の多様化が進んでいることがわかる。

実際、図6-6より、米国では株式・出資金（32.9％）、投資信託（12.3％）、債券（8.7％）なので、リスク資産が家計金融資産の54％を占め、金融資産の多様化が進んでいることがわかる。他方、日本では「投資信託とノンバンクを取り巻く環境が十分整備されてこなかったこともあり、預金と貸出以外の資金パイプが十分に発達しなかった」[47]ことから、安全性資産、特に、現金預金だけで家計金融資産の55.6％と非常に高い状態にあり、リスク資産である株式・出資金（5.8％）、投資信託（3.8％）は合わせても家計金融資産の1割にも満たない状態になっている。

このように日本では最大のリスクテイカーである家計が、自らはリスクテイクを放棄し、銀行等の金融機関にリスクを丸投げしていることになる。銀行等が

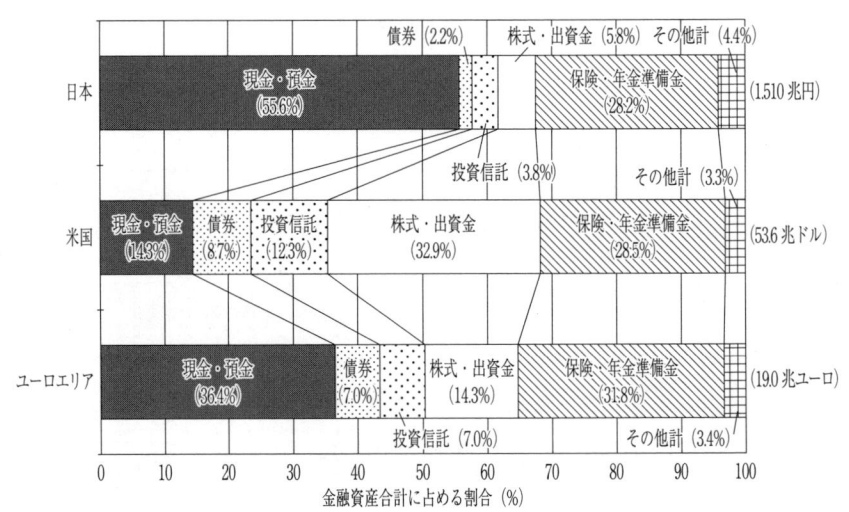

図6-6 日米欧の家計金融資産

* 「その他計」は、金融資産合計から、「現金・預金」「債券」「投資信託」「株式・出資金」「保険・年金準備金」を控除した残差。

出所：日本銀行（2012）『資金循環の日米欧比較』の図を引用

シュムペータのいう「企業者」やイノベーションとしての技術開発（創業者への金融や今までにない技術を生み出すような中小零細企業）に資金を提供できるなら「豊かさの中の停滞」にあっても経済成長を起こすことは可能であるが、預金取扱金融機関である銀行等でそのような融資・投資を行うことは困難である。以下ではこの点について考察する。

2 日本の中小企業金融

　そもそも金融取引では「規模の経済性」が働くため、銀行等は融資先の規模を大口化しようとする傾向がある。加えて、狭い営業エリアで融資活動を行うよりも広範囲の営業エリアで活動する方が、地域的にも、また、産業的にも貸出債権を分散化しやすくなることから、安定した経営を行うことができる。それゆえ、銀行等は合併等を繰り返し行い、規模の経済性を享受しようとする。実際、メガバンクといわれる銀行持株会社は、規模の経済性を求めて合併を繰り返し、現在では三大メガバンクにまで集約されることになった。けれども、金融取引には「情報の非対処性」の問題もあることから、広範囲で営業を行う場合には、顧客とのリレーションシップが取れる範囲に数を絞り、できるだけ大きな融資案件に絞って経営資源を投入することが、経営効率の面で合理的となる。しかし、すべての銀行等がこのような行動を取ると、小規模な借り手はますます融資を受けられなくなってしまう。そこで日本では、株式会社組織の銀行等とは別に、協同組織金融機関として信用金庫のような地域金融機関が「地域密着型金融のビジネスモデルを確立、深化」させていくべきであるとしている。

　ここで「地域密着型金融のビジネスモデル」とは金融審議会金融分科会第二部会報告（2003）にある「金融機関が顧客との間で親密な関係を長く維持することにより顧客に関する情報を蓄積し、この情報を基に貸出等の金融サービスの提供を行うことで展開するビジネスモデル」（p.3）を指し、このようなビジネスモデルが一般に「リレーションシップバンキング」であると考えられる[48]。つまり、リレーションシップバンキングにおいては、「貸し手は長期的に継続する関係に基づき借り手の経営能力や事業の成長性など定量化が困難な信用情報を蓄積することが可能であり、加えて、借り手は親密な信頼関係を有する貸し手

に対しては一般に開示したくない情報についても提供しやすい」ことから「借り手の信用情報がより多く得られ、エージェンシーコストの軽減が可能」になる。

ここでリレーションシップバンキングが「エージェンシーコストの軽減が可能」なのは、貸し手と借り手が相対で取引を行っているからであり、この場合、借り手の特性・定性情報といったソフト情報を活用できるからである。特に、大きな「情報の非対称性」が存在する場合には、このようなソフト情報を活用した貸出行動を行うことで、適切な情報生産やその後のモニタリングが可能である点で有力な手法と考えられる[49]。

また、金融取引はそもそも異時点間取引であるため、将来生起する状況について現時点で全てを契約で取り決めておくことは困難である。しかし、リレーションシップバンキングであれば、「貸し手が毎期ごとに貸出を実行する場合（短期貸出のロールオーバー）、返済期限の期ごとに借り手と再交渉し、状態が悪ければ非効率なプロジェクトを清算すること」[50] ができるという利点もある。さらに、リレーションシップバンキングは上述の通り「相対取引である」ということから、借り手の情報が外に漏出のおそれはない。そのことから、借り手は他の競争相手に知られたくない情報でも安心して開示することができる。それゆえ、貸し手も正確に借り手の信用リスクを把握することが可能になるという利点も存在する[51]。

このような利点があることから「リレーションシップバンキングは、日本の金融機関とくに地域金融機関において主たる貸出手法であり、広く活用されてきた」[52] わけである。とくに中小企業の場合は、企業情報が広く市場で共有されている大企業に比べて、情報のギャップが大きい[53]（つまり、審査コストが非常に高い）ことに特徴があり、地域的にも多様に存在している。また、村本（2005）が指摘するように、「中小企業の情報というのは、地域情報であり、かつその情報が虚偽である場合の対応が困難で、その真偽はその地域に出向いて調査しなければ確かめられないという性格」（p.35）があるので、地域に根差した金融機関にしか解決できないこともあり得る[54] ことから、地域金融機関が中小企業金融の主な担い手になっているのである。

しかし、当然、融資を求めてくる主体全てに融資を行うことはできない。協

同組織金融機関も預金取扱金融機関である以上、預金をリスクに晒すことは許されないので、自己資本規制等の銀行規制を受けることになる。なぜなら、廣住（2004）が指摘するように、協同組織金融機関も「預金」を取扱っていることから「預金金融機関に対しては株式会社や協同組織といった組織形態を超えた統一的基準により個別金融機関の財務の健全性や経営の安定性が全体に対するリスクという観点から判断される」部分が存在[55]するからである。つまり、「たとえば、自己資本比率は国際的な合意に基づく規制が行われており、そこには組織形態や営利・非営利の別による特例的な扱いは存在しない」のだから、協同組織金融機関としても「金融システムの一員としてとどまるだけの信認を得るためのコストとして本来、会員に還元されるべき利益を内部留保として確保するか、非会員にもサービスを開放することにより収益基盤の拡大と会員向けの利益還元水準の維持を図ることを選択する」ことになる[56]。ところがここで、「非会員にもサービスを開放」し、収益基盤の強化を図るという方向に経営の舵を取ったとすると株式会社組織金融機関と同じであり、協同組織金融機関としてのメリットを活かせなくなってしまう。そのため、協同組織金融機関における「節約された利潤の社会的再分配をうけている（つまり、会員の多くが同一コミュニティに帰属するため会員企業のソフト情報の入手を容易にうけることができる）」としても、会員企業である「組合員に分配（つまり、株式会社金融機関であれば実現不可能な「低い貸出金利（リスク調整後）」を提示）」をせずに、内部留保として積み立てることを選択することになる。

　このように、そもそも協同組織金融機関も預金取扱金融機関なので、協同組織金融機関が「預金通貨の供給」を行うのであれば、その機能に応じた規制に従うのは当然であり、自ずと単に「資金の媒介（＝貸金業など）」を行う主体よりも厳しい規制が課せられるのは致し方ないことといえよう。

　この点にも関して原（1976）は、金融流通は①商業資金金融流通、②運転資金金融流通、③設備資金金融流通の三種類に分類できるが、「このうち、商業銀行が信用創造の可能な要求払預金によって吸収した資金で供給しうるのは①と②」であり、「商業銀行の貯蓄性預金といえども、それは要求払預金と結びつくので、同じような運用に限定されることが望まし」く、「③は、その他―つまり

信用創造能力を全然もたない——金融仲介機関によって供給されえることが望ましい」[57]と指摘している。

以上から「商業銀行が信用創造機能とともに信用媒介機能を果たし」いるものの、「商業銀行の経営の健全性という見地から商業銀行の信用媒介機能は他の金融仲介機関の信用媒介機能とは性格が異なる」[58]ため、設備資金金融流通以上（創業のための資金など）の長期的な資金について銀行システムが担うことは問題であるといえる。

3 オルタナティブな金融ルートの必要性

以上から、預金取扱金融機関である銀行等でそのような融資・投資を行うことは困難であることがわかった。

とはいえ、日本のようにBank-oriented-Systems[59]としての金融システムでは、株式会社組織の銀行等や協同組織金融機関は、低リスク低リターン（情報生産能力を活かして選別を行うため、結果として、リスクの低い主体に低い貸出金利を提供できる）の部分をカバーし、それよりもリスクが高く、事業性が乏しい主体に対しては、一部政府系金融機関がカバーしているものの、大半がカバーしきれない（図6-7）。

このような中で（協同組織金融機関を含む）銀行等の融資審査から漏れてしまった主体が、それでも資金を調達しようとした場合、民間の貸金業者以外にはなく、その場合、かなり高利の金利を要求されることになる。つまり、日本においては「豊かさの中の停滞」にあっても経済成長を起こす主体へ貸出を行うような主体がない、もしくは、創業間もない企業や新しい分野への参入を志す企業の場合、そもそもの手持ち資金も少なく、事業が軌道に乗るまでは、ある程度、時間を要することから、高い金利負担を耐えることができず、イノベーションの芽を摘んでいる可能性も否めない。

そこで考えられるのは、銀行の目利き能力を活かし、リスク計算の精緻化やアンバンドリング化によって債権を証券化し、それを別の主体に販売することで「預金通貨の供給」と金融仲介機能を峻別する市場型間接金融[60]などオルタナティブな（伝統的な間接金融や直接金融とは違う、新たな金融）ルートである。

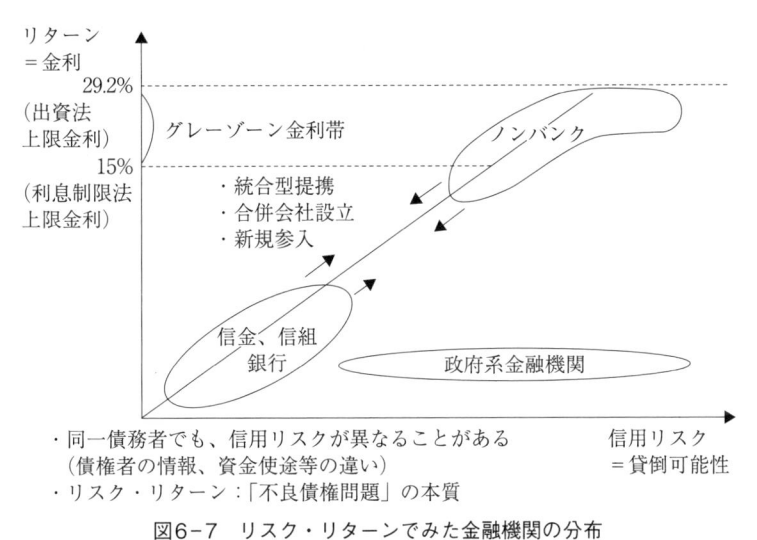

図6-7 リスク・リターンでみた金融機関の分布
出所：吉野直行・藤田康範編『中小企業金融と金融環境の変化』慶應義塾大学出版、2007年、p.238の図を引用

　このようなルートができれば、銀行等へのリスクが遮断でき、創業者金融も可能であり、リスククラスも証券保有者の嗜好に合うようにポートフォリオを組むことも可能である[61]。

　しかし、市場型間接金融によって販売される証券は、機関投資家だけでなく、一般の家計に購入されることが重要である。最大のリスクテイク能力があるのは家計なので、家計が預金ばかりでなく、さまざまリスククラスの証券を保有（つまり、金融資産の構成が多様化）するようにならなければ、創業者金融等の経済成長を促す主体への資金循環は生まれない。とはいえ、何故、日本では55.6％（2012年12月末）にも及ぶ現預金を家計は保有しているのだろうか？　この点に関して次章で考察する。

コラム7：目利き能力

　目利き能力は銀行だけに特有のものではなく、M＆Aバンカー[62]においても必要であり、その他、投資家にとっても重要な能力である。ただし、銀行では負債の安全性の観点から「目利き」を行うが、M＆Aバンカーを含めた投資家は株式のキャピタルゲインを狙うためであるところに違いがある。

図6-8は上場している（つまり、証券取引所等で売買が可能な）会社を例にしているが、株式の時価として類似業種比準法[63]などを用いれば、未公開であってもパブリック・バリューは算出可能である。ここで、より確かなプライベート・バリューを算出することが「目利き」能力なのである。つまり、パブリック・バリューは誰でもわかる価値であるが、プライベート・バリューは将来にしか結果はでないので、より確かなプライベート・バリューを算出することができれば、その価格差により利益を生むことが可能となる。

　ここで株式の売買を考えれば次のようになろう。

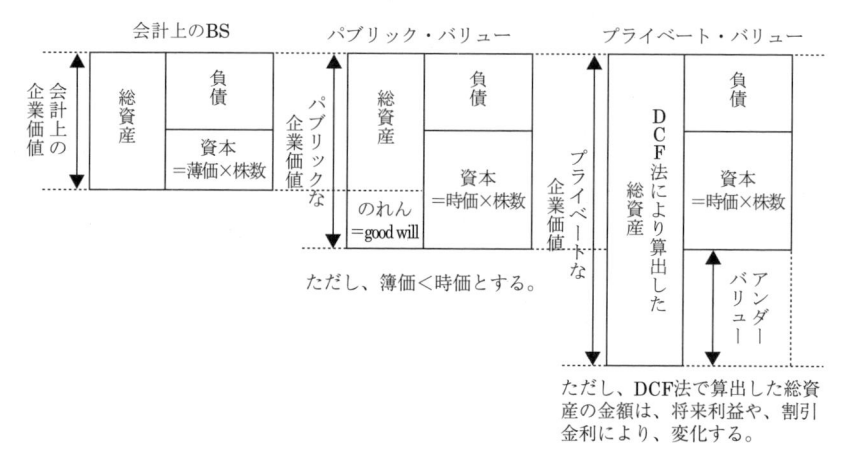

・パブリック・バリュー＜プライベート・バリュー……当該株式を購入
・パブリック・バリュー＞プライベート・バリュー……当該株式を空売り

図6-8　パブリック・バリューとプライベート・バリュー[64]

　したがって、銀行等の場合には、一般に調査結果等から「パブリック・バリュー＞プライベート・バリュー」と推測される場合には、当該企業に魅力を感じることがないので、銀行は融資を実行しない。また、その差が資本を食いつぶし、負債まで食い込むと負債（つまり、融資）の安全性が保てないため、現在融資を実行していても、なるべく早く撤退すべき企業といえる。

【注】

1) 名目金利には「ゼロ制約」というものが存在するためである。つまり、日銀が懸命に低めに誘導したとしても金利自体は「0」以下にはならないので、市中銀行が日々必要と予測される資金量（ここでは当座預金残高）を上回るペースで買いオペを行い、常に市中銀行の流動性を高めておくという政策に踏み切ったのである。
2) 量的緩和政策は2006年3月まで続けられた。
3) したがって、この政策を始めた当初は、多くの人々が「無意味な政策」と見ていたのも事実である。
4) このような考え方を「純粋期待仮説」という。
5) このような考え方を「ポートフォリオ・リバランス効果」という。
6) 金融再生プログラムについては金融庁のHPなどを参照。http://www.fsa.go.jp/policy/kinsai/index.html
7) 金融庁、第10回金融審議会金融分科会第二部会「協同組織金融機関あり方に関するワーキング・グループ」（平成21年1月30日）参考資料（10-3）を引用。
8) 信用金庫等の地域金融機関については「多面的な尺度からリレーションシップバンキングのあり方を検討すべき」という旨が明記され、それによって、2003年3月に金融庁から「リレーションシップバンキングの機能強化に関するアクションプログラム」が発表された。これに基づいて各地域金融機関は、リレーションシップバンキングの機能強化のために地域金融機関が取り組む具体的な項目等を明示するとともに、その進捗を報告することになった。しかし、そもそも地域金融機関はリレーションシップバンキングを実践している主体であり、ほぼすべての地域金融機関で「リレーションシップ」の重要性は認識されているといえよう。そのような中で、従来から行われている「リレーションシップ」の方法を、単に「継続」または「強化」しただけでは、不況下において金融機関として生き抜くことは困難であることが予想できる。
9) ここでは個別銀行等の健全性および信用秩序の維持などを議論しているので、マクロ経済政策や地域活性化等の観点における議論とは意味合いが異なる。マクロ経済政策や地域活性化などに対処するためには、網羅的な制度（米英のCommunity Development Financial Institutionsや米国のCommunity Reinvestment Act）が必要であり、そのための議論が必要になる。この点については第8章で取り上げる。
10) 現在では社債などの買い取りオペも行っているが、これもあくまでも、銀行等保有のものだけであり、社債市場から直接買い取るものではない。
11) 景気は高まったものの、予想投資収益率の面では、それほど高まっていない状態にある。
12) 実際、多くの投資家がこのデータをみて、運用に役立てている。
13) ここで「ヘッジをすればいいのでは？」と考えるかもしれないが、単純に「為替ヘッジ」すると「円キャリートレード」そのものの利益がなくなることになる。
14) 経済産業省（2011）第1-1-2-15図引用。

15)「サブプライムローン」とは、米国の低所得者層への住宅ローンのことであるが、ステップローンであったり、そもそも住宅価格の上昇を見込んで組まれたりなどしていたことから、仕組みとして問題があった。にもかかわらず、このような住宅ローンを証券化し、さらにその証券自体のトレーサビリティが不完全、または、完備されていなかったことから、住宅価格の下落とともに、2007年前後から金融市場で大きな問題となった。この件については池尾・池田（2009）を参照。

16) ケインズ（1981）。

17) ケインズ（1981）p.393。

18) ケインズ（1981）p.393。

19) ここで必要とされるものはアダム・スミスが言う「健康で負債がなく、良心にやましいところのない」（水田（2003）第1部第4編（第1章）p 116）という境遇に至るために必要とされる財などと考えられる。

20) ケインズは「絶対的な必要」が十分に満たされるような状態になれば、経済的問題が解決される、または、解決のめどがつくということを述べているのであり、そのような時点が、この著の書かれた時点（1930年）から100年以内に到来するということになる。もし、このような状態が到来するということになれば、すなわち、経済的問題が解決される（または、解決のめどがつく）ということを意味するのだから、人類にとっては喜ばしく、歓迎に値する状態といえる。

21) 佐伯（2000）p.23引用。

22) フライ／スタッツァー（2005）p.120参照。

23) ケインズ（1981）p.395。

24) ケインズ（1981）pp.395?396。

25) この「必要」はアダム・スミスの言う「健康で負債がなく、良心にやましいところのない」という境遇にある人が、追加的に求める場合の「必要」と同じであり、実際には「余分なもの」であるものの、「他人からの同感や称賛、あるいは尊敬や感嘆」を得るために行う、「虚栄」のための「必要」と同義と考えられる。ここで「虚栄」とはアダム・スミス（2008）によると「自分の本当の値うち、すなわち胸中の公平な観察者が自分に与える評価よりも高い評価を世間に求めること」（p.74）である。

26) 佐伯（2000）においては以下のように述べられている。「貨幣はあくまでも剰余の交換に対応している。しかしまた、一方におけるこの余剰は他方の側における必要であろう。したがって、剰余／必要の不均衡が貨幣的交換を生み出すことになる。とはいえ、一方の側での剰余が他方で必要とみなされるということは、この貨幣的交換の『本質』は、あくまでも自然法によって支持された労働生産物＝生活の必需品の交換であることを意味しているのである」（pp.82-83）。

27) 佐伯（2000）p.86。

28) 佐伯（2000）p.86参照。

29) 佐伯（2000）「欲望は、大地と労働と必要にかかわる確かなものへ向かうのではなく大地から離れ、労働によっては獲得できず、必要とは無縁となったカテゴリーへ向けられる。それは不在のものへの渇望であり、不確かなものへの渇望と言ってよい。金銀が働きかけるのは、まさにこうした欲望に対してであり、金銀はこのような欲望に対して象徴的な等価性と設定してゆくのだ」(p.89)。
30) 佐伯（2000）p.298。
31) 佐伯（2000）p.312。
32) 佐伯（2000）p.335。
33) 佐伯（2003）p.155。
34) ヴェブレン（1965）。
35) ヴェブレン（1965）p.19引用。
36) ヴェブレン（1965）p.42参照。
37) ヴェブレン（1965）p.22引用。
38) ヴェブレン（1965）p.22引用。
39) 「他の企業者との結合」である企業合同は「主要な生産費の節約ではなくて、むしろ企業の経営費や生産物や労務費の競争的配給費の節約」であり、これが「産業上の効率を引き上げる」等は多くの場合、「間接に影響するだけ」(ヴェブレン（1965）p.36)である。また、企業は絶えず商品広告を行うが、「広告は、消費者大衆にたいして、かれらが欲望をみたし、その購買力をもっともよく利用するばあいの方法や手段にかんする貴重な情報や指針をあたえるということがいわれているが広告の大部分のものの必要性は、それが社会の必要に役立つためでもなければ、広告をおこなう会社に帰属する全体の利益のためでもなく、広告に手を抜く事業会社は、取引にたいする自己の分け前をうることができないという事実による」のである。したがって、広告の価値は「売り手にとっては有用であるけれども、最後の買手にとっては何の役にも立たない」のであり、広告のような商品の「生産費」は「市場価値を高めるためにかかってくる費用であって、人間の使用のための財貨の有用性を高めるための経費ではない」（ヴェブレン（1965）pp.48-49）のである。
40) 資本労働比率が一定の水準に収束する経済。
41) つまり、「『豊かな社会』になればなるほど経済の停滞、すなわち長期不況に陥る可能性が高くなる」(佐伯（2003）pp.155-156)。
42) Allen/Gale（2001）pp.32-34。
43) 山下邦男（1980）p.93引用。R.W.Goldsmith（1975）は、先進各国の金融資産状態を歴史な推移を研究し、金融資産が多様化してくることを明らかにしている。
44) 日本証券業協会（平成21年版）『外務員必携1』p.46。図表5-1。
45) 中小企業庁『日本の中小企業』http://www.chusho.meti.go.jp/koukai/chousa/chushoKigyouZentai9wari.pdf より。
46) 図6-5より、米国ではNASDAQ（1500）、OTC Bulletin Board（5500）、PINK SHEET

(2400)、Local Market（10000）、日本ではヘラクレス・マザーズ（367）、アンビシャス・セントレックス・Qボード（51）、グリーンシート（74）。但し、（　）内は銘柄数。
47）産業構造審議会（1999）p.16引用。
48）リレーションシップバンキングについての先行研究では、村本（2005）第2章や滝川（2007）第5章、池尾（2006）第7章などがある。
49）村本（2005）p.7参照。
50）村本（2005）pp.6‐7引用。
51）以上、リレーションシップバンキングの利点について述べてきたが、実際にはこのビジネスモデルにも問題点があり、代表的なものとしては「ソフト・バジェット問題」および「ホールドアップ問題」が挙げられる。しかし、これらの点についての考察は別の機会に行うこととする。これらの点については村本（2005）、滝川（2007）、池尾（2006）などが詳しい。ただし、このような問題点を考慮しても、村本（2005）が指摘するように「多くの実証研究が示すように、リレーションシップバンキングの有効性は疑いがない」と思われる。
52）村本（2005）p7引用。
53）足立・大澤（2000）p9参照。
54）藤野（2003）は以下のように述べている。「その（協同組織金融機関）構成員は、同一地域に居住するか、あるいは同一の業種において経済活動を営むような中小零細企業および個人である。そのため、人縁・地縁のネットワークが形成され、それを基盤とした協同組織金融機関における情報生産は、他の金融仲介のルートと比較してより効率的になされる可能性がある（（　）内は筆者加筆）」。
55）「銀行の特殊性」について廣住（2004）は「主な債権者は預金者であり、銀行と預金者との間の情報の非対称性が極めて大きいことが挙げられる。このため、預金者は情報の非対称性に起因する『囚人のジレンマ』に陥りやすいと考えられており、極度に経営悪化に関する風評に敏感な状態では連鎖的『取り付け』が生じる可能性があるとされている。このことが、規制当局による各種介入を正当化すると考えられている。しかし、この『公共の利益』はあくまで"公共"の利益であり、銀行の株主や他の直接的ステークホルダーの利益には必ずしも直結しない。ただし、預金者をステークホルダーとしてとらえ、その利益を経営において考慮する仕組みが銀行の長期的な経営安定性をもたらすと考えるのは、事業会社およびその商品と消費者とのブランドイメージを介した関係と同じである。このように考えれば、銀行が業務の『公共性』を重視するのは、銀行サービス市場を通じて経営に対して大きな影響を与えうるからであると考えることができるであろう」（p.26）と述べている。
56）廣住（2004）p.45参考。
57）原（1976）pp.36‐37引用。この記述はガーレイ・ショウの理論とアッシュハイムの理論の相違について書かれたものであるが、特に、ガーレイ・ショウの理論である「金融仲介機関にも貨幣の新創造がなしえる」という主張に対して、その問題点を指摘している。ここで「商業資金金融流通」とは「商品が仕入れられて販売されるまでの間の金融」であり、「運転

資金金融流通」とは「運転資金として流動資産を買入れるために金融され、そして、生産過程が終わり、新しい生産物が販売されると、また、その資金は還流することになる、という一連の流れ」であり、また、「設備資金金融流通」とは「企業の固定設備の買入れのための資金を供給するので、その資金は耐用年数を経過して漸く全額還流してくることになる、という一連の流れ」であるとしている。

58）原（1976）pp.39‐42参照。
59）Allen/Gale（2001）pp.32‐34。
60）市場型間接金融については池尾（2006）が詳しい。
61）とはいえ、村本（2005）が指摘するように「市場型間接金融が今後複線的金融システムの柱の一つになるとすれば、投資家へのインセンティブを与える制度整備も必要であり、情報提供・格付機能の強化、公的補完の整備も課題となろう」(p.80)。これは米国のサブプライムローン問題で表面化した事柄であり、今後日本で市場型間接金融が重要なオルタナティブな資金ルートの一つとして組み込まれていく場合には事前に検討し、対処する必要がある。
62）この場合、「バンカー」といっても証券会社に勤めている場合が多く、インベストメントバンクを意味するノンバンクである。
63）算出したい未公開企業と業種が類似している業種にある上場会社の規模等を考慮して適当な時価を算出する方法。
64）この図6‐8は中村昌義「財務プロフェッショナルの提言　グローバルなM＆A時代の財務戦略」『日経広告手帳［増刊］日経金融新聞社特集2004‐Ⅱ』日本経済新聞社よりの抜粋である（一部、筆者加工）。

第Ⅳ部　日本経済活性化のために

第7章
家計金融資産と住宅市場

1．流動性割合が高い訳

1 日米の資産総額の比較

　日本の家計金融資産の選択行動（流動性が高く、安全性重視である行動）については「そもそも日本の家計は危険回避的である[1]」というものや「戦後体制を整備していく過程で『貯蓄（とくに預貯金）は美徳』と考えるようになった（潜在意識）から[2]」というものなど、多くの研究が存在する。このような中、『経済白書1999年[3]』では「土地をリスク資産に含め、株式、債券、土地とその他の資産との保有内訳を比較すると、日米でリスク資産比率に大きな差はみられない[4]」として資産総額でみた場合には日本の家計が安全性重視であるとはいえないという。この点に関して図7-1から、日米それぞれの「現金・預金＋その他金融資産」をみると、資産総額に占める安全性資産の保有割合は日米ともに3割強とほぼ同一であることがわかる。つまり、「実物資産でのリスク選好と金融資産保有での安全性志向という点に整理可能[5]」ということになる。
　確かに「現金・預金＋その他金融資産」を安全性資産と考えた場合の資産総額における割合は日米で変わらないものの、「現金・預金＋その他金融資産」のみでみた場合、やはり「現金・預金」の占める割合は日本において特異であるように感じる。

第7章 家計金融資産と住宅市場　147

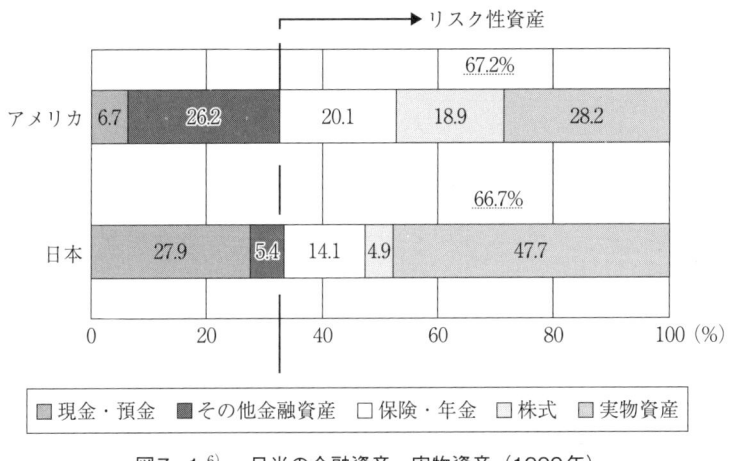

```
                        ← リスク性資産

アメリカ  6.7 | 26.2 | 20.1 | 18.9 | 28.2       67.2%
日本     27.9 | 5.4 | 14.1 | 4.9 | 47.7        66.7%
         0    20    40    60    80   100 (%)

■現金・預金  ■その他金融資産  □保険・年金  □株式  ■実物資産
```

図7-1 [6)]　日米の金融資産・実物資産（1999年）
資料：日本銀行『金融経済統計年報』USFRB, *Flow if Funds*.

　また、図7-2は出所統計が異なり、比較対象年が同じもの（1999年）の統計が取れていないため確定的なことは言えないものの、2000年代に入り米国の住宅価格は上昇していることから、実物資産を含めたリスク資産の割合は米国で約75％、日本では約60％となり、日本の安全性重視を裏付ける結果になっている。

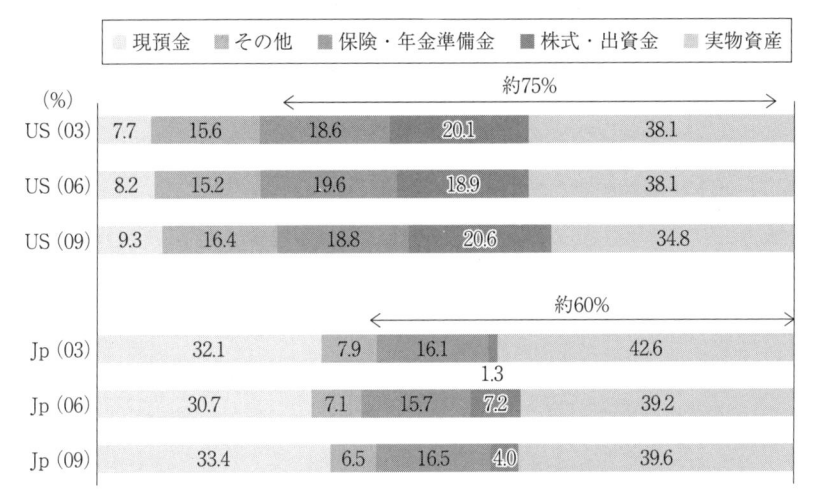

```
       □現預金  ■その他  ■保険・年金準備金  ■株式・出資金  ■実物資産

                              ←――― 約75% ―――→
(%)
US(03)   7.7 | 15.6 | 18.6 | 20.1 | 38.1
US(06)   8.2 | 15.2 | 19.6 | 18.9 | 38.1
US(09)   9.3 | 16.4 | 18.8 | 20.6 | 34.8

                              ←――― 約60% ―――→
                                    1.3
Jp(03)   32.1 | 7.9 | 16.1 | | 42.6
Jp(06)   30.7 | 7.1 | 15.7 | 7.2 | 39.2
Jp(09)   33.4 | 6.5 | 16.5 | 4.0 | 39.6
```

図7-2　日米の金融資産・実物資産（2003～2009年）
出所：OECD "Economic Outlook" および日本銀行『資産循環の日米比較』2009年4Q、2006年4Q、2003年4Qより、筆者が推計し、作成。

サブプライム問題以降も一定のボリュームを維持

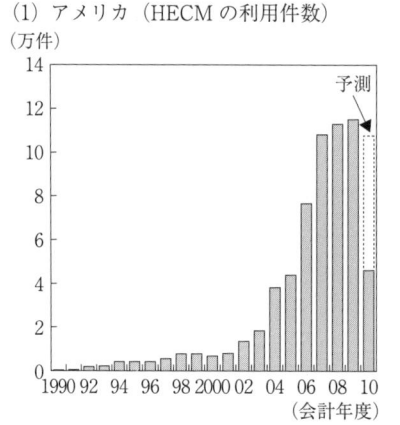

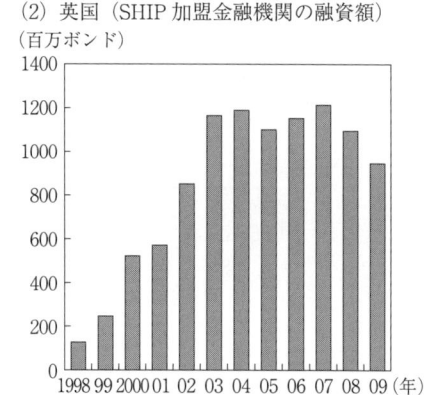

(1) アメリカ（HECM の利用件数）
(万件)

(2) 英国（SHIP 加盟金融機関の融資額）
(百万ポンド)

備考： 1. National Reverse Mortgage Leders Association (NRMLA)、Safe Home Income Plans (SHIP) のホームページにより作成。
2. (1)の期間は、会計年度（10月1日〜9月30日）。2010年は2009年10月1日から2010年3月末現在までの件数。

図7-3　米英のリバース・モーゲジ
出所：内閣府『経済財政白書　平成22年版』第2-3-24図を引用

　そこで、逆に、日本の家計は非常に多くの流動性を保有しているのに、何故、米国では低くて良いのかを考えてみると「リバース・モーゲジのボリュームの違い」が理由として挙がってくる[7]。リバース・モーゲジは日本ではあまり利用されていない（利用しづらいため）が、米英では図7-3で示すように近年盛んに行われている。このリバース・モーゲジは村本（2006）も指摘するように住宅資産の換金性（流動性）を高めるため、老後に対する「備え」として流動性保有動機を低下させることにつながる。

　つまり、リバース・モーゲジ市場が機能している場合、実物資産のうち住宅については危険資産というよりも、むしろ安全資産に近い存在として認識している可能性がある。また、米国では平均5〜6年に一度の割合で転居することから、住宅については株式や債券、または、投資信託等に比べてもデュレーションが短い[8]可能性もある。このことから、日本に比べ米国の家計では、住宅を転売又は資産としてそのまま活用することで老後に備えることができることから、金融資産のうち予備的動機としての流動性をあまり考慮しないで良い分、現預金の割合が低くなっているものと推測される。

2 日本の家計にとっての住宅

では、日米で何故これほどまでに住宅に対する認識が異なるのだろうか。この点に関して、住宅市場、特に既存住宅市場の日米の違いを中心に、以下で考察する。

現在、日本においても地球環境及び経済性という点から「既存住宅を大切に使う」という機運は高まりつつあり、長寿命住宅に対する関心も高まっている。このような機運を確実に発展させていくためには、住宅生産団体連合会（2007）で指摘するように「超長期の耐久性を有し、かつ適切な維持管理が行われてきた良質な住宅ストックが適正に評価され、『社会的資産』として循環される既存住宅流通市場の環境整備のための方策について検討が必要[9]」である。ところが図7-4より、欧米先進国では住宅取引件数に占める既存住宅の取引が相対的に高く、特に米国では9割近くが既存住宅の取引である一方、日本は新築住宅がほとんどであり、既存住宅の取引は1割強に留まっている。

内閣府（2010）では、このように日本において既存住宅取引が少ない背景の

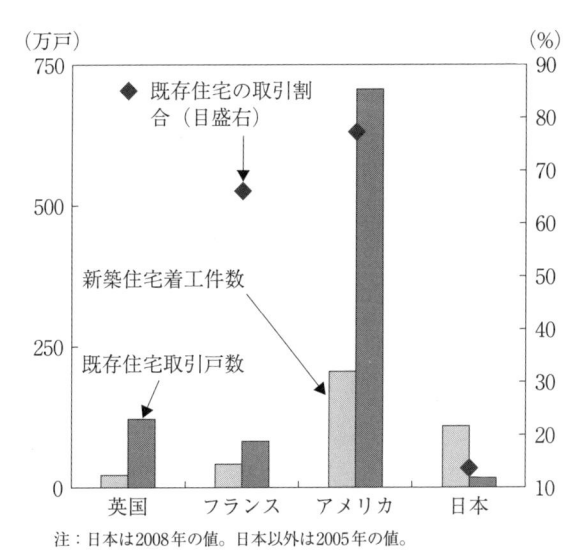

注：日本は2008年の値。日本以外は2005年の値。

図7-4　日米欧の住宅市場の比較
出所：内閣府『経済財政白書　平成22年版』図2-2-3を引用

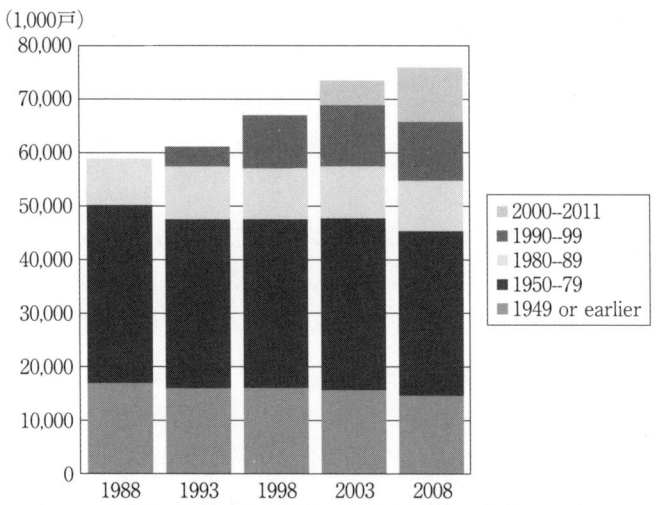

150　第Ⅳ部　日本経済活性化のために

```
(1,000戸)
80,000
70,000
60,000
50,000
40,000
30,000
20,000
10,000
    0
       1988  1993  1998  2003  2008

■ 2000–2011
■ 1990–99
■ 1980–89
■ 1950–79
■ 1949 or earlier
```

注：1988年は1987年と1989年の平均値。1998年は1997年と1999年の平均値。2003年は2001年と2005年の平均値。2008年は2007年と2009年の平均値。

図7-5　米国の建築年別の既存住宅あり高
出所：「American housing Survey 1985-2011」をもとに筆者が作成。

一つとして、日本の住宅の滅失住宅の平均築後年数が欧米に比べて短いことを挙げている[10]。実際、図7-5および図7-6より、日本においては米国に比べて古い住宅のストック数が少ない。

また、日米両国における既存住宅の築後年数別の直近10年間の推移を比較（表7-1）すると、米国は1997年からの10年で住宅総戸数が1000万棟増加し、1970年以前物件は200万棟減少しているのに対して、日本は1998年からの10年で住宅総戸数が560万棟増加し、1970年以前物件は280万棟減少している。中でも日本の木造住宅は、同10年間で250万棟増加し、1970年以前物件は170万棟が減少している。以上より、日米の世帯数の違いを考慮すれば、日本は米国に比べて総戸数に対する1970年以前の物件の減少割合が非常に高く、特に日本の既存木造住宅の減少が際立っている。

とはいえ、このように日本において1970年以前の住宅が急激に減少しているのは、戦後の住宅政策に関係しているものと思われる。

表7-2より1960年代初頭までは、住宅戸数よりも世帯数の方が多く、絶対的な住宅不足の状態にあった。この深刻な住宅不足を解消するため、住宅金融

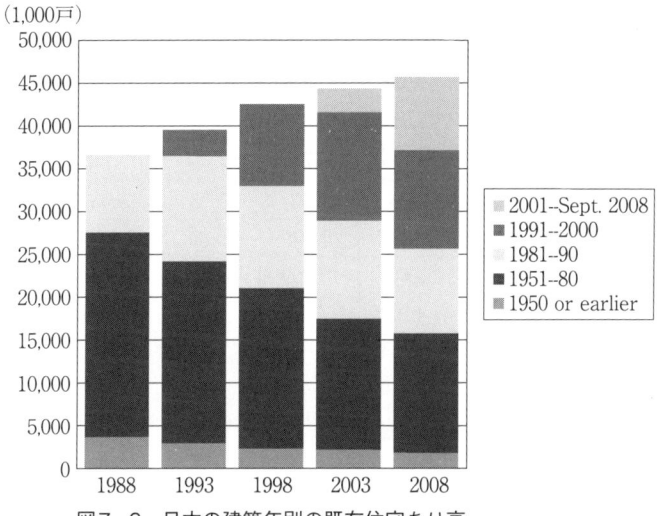

図7-6 日本の建築年別の既存住宅あり高
出所：総務省「住宅・土地統計調査」

表7-1 日米の既存住宅築後年数別の最近（10年間）の推移

米国の住宅戸数（1000棟、%）

		1997	1999	2001	2005	2007	10年増減
総数		65,488	68,795	72,265	74,930	75,646	10,158
	1970年以前物件	34,187	34,670	35,032	32,821	32,077	▲ 2,110
	%	52.2	50.4	48.5	43.8	42.4	

注：1991〜1990年は1990Census。2001〜2007年は2000Census。
出所：American housing Survey

日本の住宅戸数（1000棟、%）

		1998	2003	2008	10年増減
総数		43,922	46,863	49,598	5,676
	1970年以前物件	9,725	8,054	6,911	▲ 2,814
	%	22.1	17.2	13.9	
内	木造住宅	26,677	28,759	29,233	2,556
	1970年以前物件	7,382	6,611	5,628	▲ 1,754
	%	27.7	23.0	19.3	

注：1998年は「不詳」を服務ベース。2003年&2008年。
出所：総務省『住宅・土地統計調査』

表7-2　日本の住宅戸数と世帯数

年	1958	1963	1968	1973	1978	1983
住宅数（千戸）	17,934	21,090	25,591	31,059	35,451	38,607
世帯数（千世帯）	18,647	21,821	25,320	29,651	32,835	35,197
差	▲713	▲731	271	1,408	2,616	3,410

年	1988	1993	1998	2003	2008
住宅数（千戸）	42,007	45,879	50,246	53,891	57,586
世帯数（千世帯）	37,812	41,159	44,211	47,165	49,895
差	4,195	4,720	6,035	6,726	7,692

出所：総務省『住宅・土地統計調査（平成10年、平成15年、平成20年）』および奈良県HPより。

公庫、日本住宅公団、公営住宅制度を三本柱とする公的住宅供給対策に加え、昭和30（1955）年を初年度とする「住宅建設十箇年計画」に基づいて住宅建設が推し進められた。しかし、①高度経済成長、②想定を超えた人口の都市への移動、③世帯の細分化の急速な進展など、住宅需要の大きな増加要因が重なり、住宅の絶対量の不足は解消しないことから、さらに昭和41年に第1次となる住宅建設五箇年計画を策定し、「一世帯一住宅」を目標に住宅供給を強く推進した[11]。

このように戦後の住宅政策では、深刻な住宅不足を解消するため耐久性よりも「戸数を多く建てる」ことが目標であった。そのため1970年以前の日本の住宅は、耐久性の問題から既存住宅そのものを取引するのではなく、スクラップアンドビルドが進み、新築住宅取得の比重が高まり、全体として「寿命（滅失住宅の平均築後年数）」が欧米諸国に比べて短くなったと考えられる。つまり日本においては、質に問題がある1970年以前の住宅をスクラップアンドビルドされることが多く、統計上は欧米諸国に比べ日本の住宅の「寿命」は短くなっている。しかし、住宅そのもの「寿命」、例えば、日本の伝統構法によって建てられた住宅の滅失住宅の平均築後年数が「短い」ということを意味するものではない。

にもかかわらず、日本の木造家屋はRC（Reinforced-Concrete）造の建物のように、その耐久性が科学的に十分に検証されているとは言えない状態であるため、特に木造住宅に関してはその「寿命」がかなり短く評価されている可能性がある[12]。また、米国においては築90年以上の住宅でも新築の20％の価格が

つき、どの築年数でも土地だけの価格しかつかないという状態にはならない[13]（図7-7）が、日本では住宅評価が「単なる経過年数である『築年数』で評価され、通常の木造住宅では、20年で残存価格の10％[14]」になっていることから、実際の既存住宅市場においても、図7-8のように築15年程度で住宅の"（単に「築年数」で評価しただけではあるが、市場では価格がつかないという意味で）価値が消滅"し、それ以降は建物の価値がマイナスになることから「日本の場合は、『耐久年数』を終えた古い住宅を壊して新しい家を建てることを繰り返す」[15]こととなったのだろう。

したがって、本来は50年から60年、場合によっては100年、200年という長期間の耐久性があったとしても、築年数のみで評価された「寿命」を前提にして住宅の価値が計られるため、「耐久年数」を過ぎた住宅は、市場においてその価値が評価されない。また、住宅価値をより精緻に査定すると期待される不動産評価についても、住宅を含む不動産市場においては取引事例主義が主流であるため、近年の住宅性能の向上などを考慮されることは「希少[16]」であり、むしろ「（『耐久年数』を過ぎた）住宅がついた土地よりも更地の方が高値で取引さ

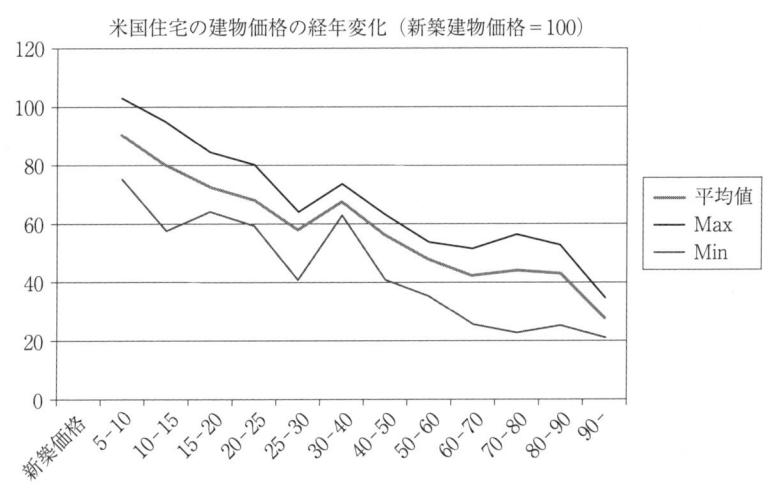

注：建物価格は築年数に関係なく、当該年の土地価格を住宅価格から差し引いている。
　　平均住宅価格、土地価格、建物価格はLincoln Instutute of Land Policyの推計値およびAHS統計より、筆者が推計。

図7-7　米国の住宅価格（上物のみ）

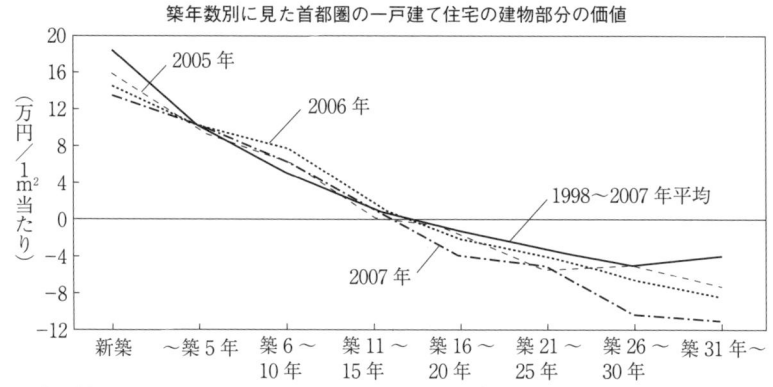

築年数別に見た首都圏の一戸建て住宅の建物部分の価値

図7-8 日本の住宅価格（築年別）
出所：東日本不動産流通機構「東日本レインズ年間統計表」「築年数から見た首都圏の不動産流通市場」
「首都圏不動産流通市場の動向」より試算した。
クー・佐々木（2008）、図4（p.69）を引用。

れるケースがままある[17]」のが現実である。

　以上のように、日本では既存住宅の取引が少なく、新築住宅に偏った市場が形成されるのは、1970年代以前の質の悪い住宅の「寿命」が短いことが一つの背景ではあるが、既存住宅市場がうまく機能していないことから、まだ十分に使用できる既存住宅を「単に経過年数が過ぎた」というだけで（取引事例主義に基づき無価値として判断することから）壊してしまうために、住宅の寿命が短くなっているとも考えられる。

　このように日本では現状、住宅そのものの耐久性に関して情報が必ずしも適切に管理されていないことから、実際には超長期の使用に耐え得る強度がある既存住宅であっても、その情報が取引段階で共有されないため、本来備わっている住宅の「寿命」に達していないにもかかわらず、当該住宅は処分されるものと考えられる。このようにして処分される住宅が多くなると社会的に存在する住宅ストックが減少するため、既存住宅においては住宅購入者の多様な要望を満たすことができず、既存住宅取引を諦め、または、既存住宅を処分し、新たに住宅を建築する機会が多くなってくる。

　このように既存住宅の売り手においても当該住宅を売却しようにも適切な価格付けがなされないのであれば、住宅価値を高めるためのメンテナンス等を積極的

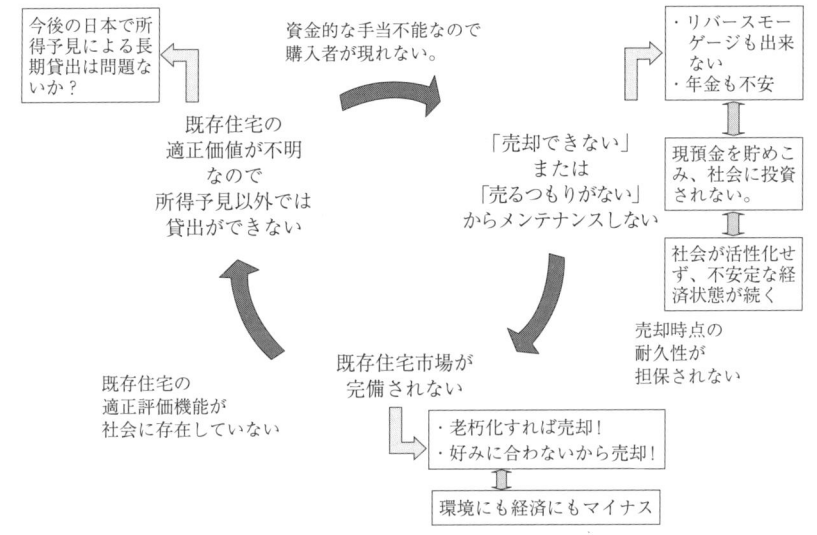

図7-9　日本住宅市場の悪いスパイラル

に行おうとはしなくなる。メンテナンス等をしない世帯が多く、住宅の品質に対する情報インフラ制度が整備されていない場合、既存住宅を売却しようとしても、住宅購入者はLemon（不良品）とPeach（適切な品質なもの）の区別ができないことから適切な価格付けがなされない。となると「中古（既存）住宅取引時点で評価される価値は土地のみ[18]」となる。さらに、このように既存住宅市場が機能せず、既存住宅の適正価値が評価されないとなると、既存住宅における取引では金融機関も住宅そのものを担保とする貸し付けが困難になるため、住宅購入者は資金的な手当てに窮することとなり、既存住宅市場は機能せず、当該住宅は処分されてしまう。

以上のように日本の既存住宅市場は悪いスパイラルに陥っていると考えられる（図7-9）。つまり、既存住宅の保有者はメンテナンスをするインセンティブが生まれず、情報の非対称性により既存住宅の適正価値が評価されない。そのため、金融機関も既存住宅の適正価格が判断できず「築年数主義」が定着し、耐久年数を過ぎた住宅については土地よりも更地の方が高値で取引されるケースが多発する。したがって、日本では「社会的資産」として循環される既存住宅流通の市場環境が整備されない状態になっている。

③ 日本の住宅保有と金融資産との関係

このように日本では住宅が実物資産として有効に活用されていないことがわかった。住宅が実物資産として有効に活用されない結果、金融資産、特に流動性保有に如何に影響するのだろうか。この点に関して以下で考察する。

ところで、前田（2013）では、大都市圏を含む7都府県（埼玉県、千葉県、東京都、神奈川県、愛知県、大阪府、兵庫県）とその他道府県に分け、住宅の需給構造について計量経済分析を行い、両地域では需給構造が異なるという推計結果を得ている[19]。また、総務省「住宅・土地統計調査」データを使用し、建築の時期別住宅戸数を7都府県とその他地域に分け、集計したところ、下記のような結果になった。

総務省「住宅・土地統計調査」データより、現存する住宅の総有り高の0.46が7都府県であり、0.54がその他地域である（人口比「7都府県：その他＝45：55」とほぼ同じ割合になっている）。住宅の有り高については図7-10より、7都府県では0.14が1980年以前（うち0.01が1950年以前）に建てられたものであ

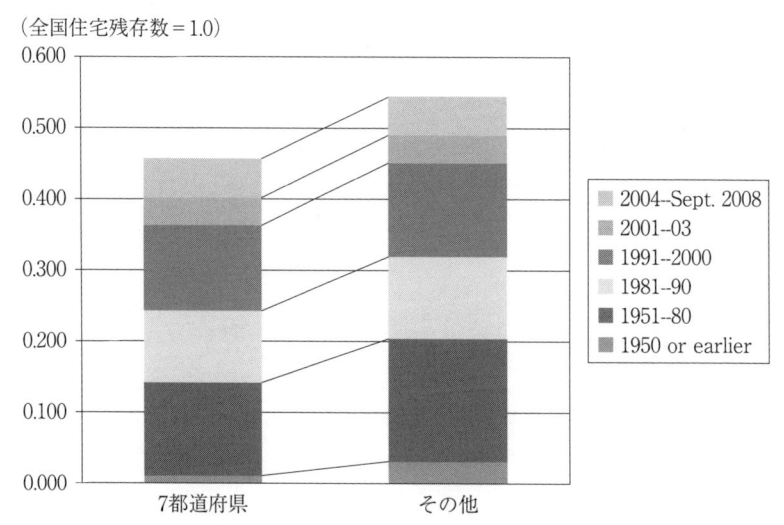

（全国住宅残存数＝1.0）

凡例：
- 2004–Sept. 2008
- 2001–03
- 1991–2000
- 1981–90
- 1951–80
- 1950 or earlier

注：7都道府県は埼玉、千葉、東京、神奈川、愛知、大阪、兵庫。その他は7都道府県以外。

図7-10　地域別の住宅残存割合

出所：総務省「住宅・土地統計調査」をもとに筆者が作成。

るのに対して、その他地域では0.20が1980年以前（うち0.03が1950年以前）に建てられたものであり、住宅の残存に違いがあることがわかる。ここで両地域ともに2001年以降の有り高がほぼ等しい（2001～2004年が4％、2004年以降が5.5％）ことから、7都府県の方がその他地域に比べて建て替えによる住宅が多いことになる。また、前田（2013）の計量経済分析の結果から、7都府県の住宅は低価格で大量販売されている可能性が示唆されるので、7都府県では古くなった住宅の多くが取り壊され、パワービルダー等によって薄利多売型の住宅供給が行われているものと推測される。

　以上から、7都府県はスクラップアンドビルドが多い地域で、その他は（比較的）少ない地域という分類が可能である。そこで、総務省「平成21年全国消費実態調査」データを使用し、1世帯当たり資産を7都府県とその他地域に分け、実物資産と金融資産との関係を考察する。

　表7-3より、7都府県の住宅（上物）価格は徐々に低下しているものの、土地価格が高いため、全ての期間で7都府県の方がその他地域に比べて資産総額（ネット）は高く、そのため負債、特に「住宅・土地のための負債」は7都府県の方がその他地域に比べて高くなっている。けれども、金融資産（ネット）はあまり変わらない。その理由は明らかではないが、7都府県は負債が増加した分、貯蓄も増加していることになる。ところで、貯蓄残高に占める預貯金等の流動性資産の割合は両地域とも60％前後を保有しているので、預貯金等の流動性資産は、貯蓄残高の高い7都府県の方が多く保有していることになる。つまり、総務省「平成21年全国消費実態調査」データから、スクラップアンドビルドが多い7都府県の方が、金融資産のうち予備的動機として預貯金等の流動性資産を多く保有していることになる。

　以上のように、スクラップアンドビルドが少ない地域よりも多い地域の方が流動性資産を多く保有していることから、長期使用可能な住宅が増加するとともに米国同様に既存住宅市場が活性化（することでスクラップアンドビルドが少なく）すれば、日本の家計の流動性選好も低下する可能性がある。では、米国の既存住宅市場がどのような状態で、どのように発展してきたのかを、次に考察する。

158　第Ⅳ部　日本経済活性化のために

表7-3　地域別1世帯当たり資産額（平成21年全国消費実態調査）

実額（単位：1000円）

	7都府県（人口：56,881千人）			その他（人口：70,628千人）			7都府県マイナスその他		
	平成11年	平成16年	平成21年	平成11年	平成16年	平成21年	平成11年	平成16年	平成21年
実物資産	58,380	51,038	50,387	51,884	45,231	43,716	6,496	5,807	6,671
現住居・現居住地	43,011	36,200	36,152	38,270	32,114	30,991	4,740	4,088	5,161
うち宅地	22,869	17,509	20,084	19,772	14,141	11,539	3,097	3,368	8,545
うち住宅	20,142	18,691	16,068	18,498	17,973	19,452	1,644	718	-3,384
貯蓄残高 [A]	15,241	15,672	16,005	14,062	14,667	13,779	1,179	1,005	2,226
うち流動性	9,303	9,708	9,726	8,296	8,993	8,549	1,007	715	1,178
負債残高 [B]	5,547	5,637	6,180	4,959	4,950	4,351	587	687	1,829
うち住宅・土地のための負債	4,846	4,906	5,371	4,233	4,173	3,638	612	733	1,733
金融資産（ネット）：[A]-[B]	9,695	10,035	9,825	9,103	9,717	9,428	592	318	398
資産総額（ネット）	68,075	61,074	60,212	60,987	54,948	53,144	7,088	6,125	7,067
貯蓄残高に占める流動性の割合	0.610	0.619	0.608	0.590	0.613	0.620			

対所得

	7都府県（人口：56,881千人）			その他（人口：70,628千人）			7都府県マイナスその他		
	平成11年	平成16年	平成21年	平成11年	平成16年	平成21年	平成11年	平成16年	平成21年
実物資産	7.35	7.14	7.38	6.53	6.33	6.40	0.82	0.81	0.98
現住居・現居住地	5.41	5.07	5.30	4.82	4.49	4.54	0.60	0.57	0.76
うち宅地	2.88	2.45	2.94	2.49	1.98	1.69	0.39	0.47	1.25
うち住宅	2.54	2.62	2.35	2.33	2.52	2.85	0.21	0.10	-0.50
貯蓄残高 [A]	1.92	2.19	2.34	1.77	2.05	2.02	0.15	0.14	0.33
うち流動性	1.17	1.36	1.42	1.04	1.26	1.25	0.13	0.10	0.17
負債残高 [B]	0.70	0.79	0.91	0.62	0.69	0.64	0.07	0.10	0.27
うち住宅・土地のための負債	0.61	0.69	0.79	0.53	0.58	0.53	0.08	0.10	0.25
金融資産（ネット）：[A]-[B]	1.22	1.40	1.44	1.15	1.36	1.38	0.07	0.04	0.06
資産総額（ネット）	8.57	8.55	8.82	7.68	7.69	7.79	0.89	0.80	1.04

出所：総務省「平成21年全国消費実態調査」。ただし、人口は内閣府「県民経済計算」。

2. 米国市場の現状と歴史的な背景

1 米国市場の現状

　表7-4は米国の築年別の住宅価格の中間値の時系列データである。ここから築90年以上の物件でも価格が形成されていることがわかる。また、住宅価格には築年別に一定の規則性がみられる。つまり、その時々の新築価格をベース（100）にした場合、築10年の場合には約80、築20年の場合には約75、築30年の場合には約60に相当する価格付けになっている（図7-11）。

　表7-4の住宅価格を基に米国住宅の所有期間利回り[20]を計算したものが、表7-5および図7-12である。表7-5および図7-12より、データ制約があるものの、米国住宅の所有期間利回りは概ね4％程度である。また表7-6より、米国おいてマクロでは常に現在住宅価格が住宅購入または建築時価格を上回っている。2007年までのデータしかないことからサブプライム・ローン問題、リーマン・ショックの影響は不明であるが、観測期間（1997〜2007年）においては、米国では住宅が資産形成に役立っていることがわかる（少なくとも、資

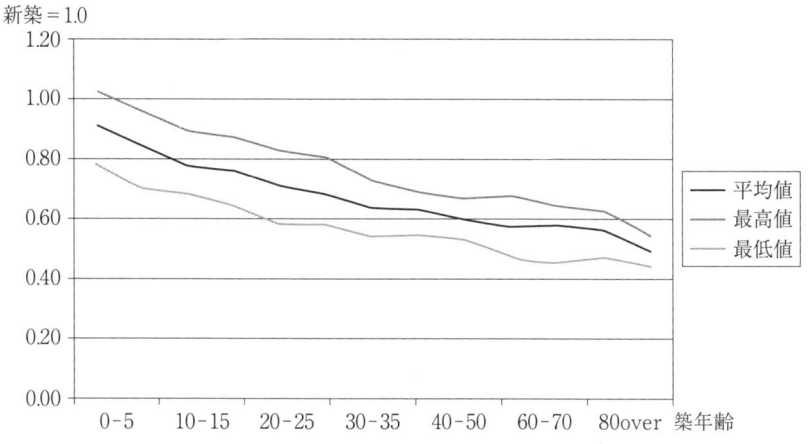

注：ここで「住宅の築年齢別相対価格」とは、新築価格に対する各築年齢別の住宅の価格割合を示す。

図7-11　米国の築年別の相対価格（対新築価格）
出所：American Housing Surveyを基に筆者が作成。

表7-4 米国の築年別住宅価格の推移

年	1985	1987	1989	1991	1993	1995	1997	1999	2001	2003	2005	2007	1985年を100 とした時の 2005年の値	2005年の=100 to 2009年の とした時の値
2005 to 2009											271,160	273,379		100.0
2000 to 2004									171,390	187,306	223,451	248,742		82.4
1995 to 1999						131,461	132,030	138,228	151,956	167,899	190,378	214,353		70.2
1990 to 1994				119,280	116,651	129,441	126,530	132,540	148,984	164,861	202,807	229,913		74.8
1985 to 1989	75,919	91,170	107,637	110,205	119,189	118,038	126,787	131,701	146,211	167,614	208,487	235,622	274.6	76.9
1980 to 1984	74,183	78,495	84,321	86,196	91,760	97,361	99,811	105,893	122,799	135,536	158,303	183,983	213.4	58.4
1975 to 1979	73,004	76,935	81,812	85,499	90,667	97,025	105,075	114,175	125,882	138,257	160,674	181,529	220.1	59.3
1970 to 1974	63,038	66,312	73,531	76,948	82,190	88,065	94,502	101,878	118,968	126,416	148,116	166,443	235.0	54.6
1960 to 1969	66,297	73,334	77,091	82,671	86,825	93,072	100,909	111,402	122,464	137,285	158,427	181,378	239.0	58.4
1950 to 1959	63,035	66,691	75,740	78,828	83,512	87,731	93,377	100,546	115,315	129,348	147,560	172,041	234.1	54.4
1940 to 1949	53,257	58,241	62,791	68,275	73,197	78,898	84,164	90,944	97,941	112,710	129,251	143,298	242.7	47.7
1930 to 1939	46,622	54,617	60,588	65,571	70,248	77,012	78,875	88,791	97,355	116,243	123,481	150,761	264.9	45.5
1920 to 1329	51,340	57,759	66,763	70,695	74,720	77,318	84,222	93,835	101,792	119,610	128,401	158,712	250.1	47.4
1919 or earlier	44,438	61,442	57,242	62,210	68,645	73,758	80,540	89,846	98,828	117,785	120,594	149,679	271.4	44.5

出所：American Housing Survey 1985-2007 Table 3-22 をもとに筆者作成。

表7-5 米国の築経過年数別の所有期間利回りおよび標準偏差

年	2	4	6	8	10	12
新築 利回り（％）	2.6	4.7	4.0	3.3	3.4	3.7
標準偏差	4.20	3.60	2.67	2.17	1.12	0.86
5～10年落ち物件 利回り（％）	3.8	3.3	3.9	4.0	3.6	4.0
標準偏差	2.09	1.48	2.17	2.14	1.83	1.55
10～15年落ち物件 利回り（％）	3.5	3.6	4.4	4.5	3.8	4.1
標準偏差	2.14	1.76	2.20	1.92	0.88	1.06
15～25年落ち物件 利回り（％）	5.0	4.2	4.4	4.5	3.9	4.2
標準偏差	1.97	1.42	1.61	1.72	0.99	0.88

注1：価格Aで住宅を購入し、t年後（2～12年目）に価格Bで売却した時の利回りrを「A*exp(rt)=B」より算出した。
注2：新築として1985年に1985年から1989年に建てられたものを、1991年に1990年から1994年に建てられたものを、1995年に1995年から1999年に建てられたものを、2001年に2000年から2004年に建てられたものを、2005年に2005年から2009年に建てられたものを、それぞれ購入したものとしている。
注3：5～10年落ち物件として1985年に1975年から1979年に建てられたものを、1989年に1980年から1984年に建てられたものを、1995年に1985年から1989年に建てられたものを、1999年に1990年から1994年に建てられたものを、2005年に1995年から1999年に建てられたものを、それぞれ購入したものとしている。
注4：10～15年落ち物件として1985年に1970年から1974年に建てられたものを、1989年に1975年から1979年に建てられたものを、1995年に1980年から1984年に建てられたものを、1999年に1985年から1989年に建てられたものを、2005年に1990年から1994年に建てられたものを、それぞれ購入したものとしている。
注5：15～25年落ち物件として1985年に1960年から1969年に建てられたものを、1989年に1970年から1974年に建てられたものを、1995年に1975年から1979年に建てられたものを、1999年に1980年から1984年に建てられたものを、2005年に1985年から1989年に建てられたものを、それぞれ購入したものとしている。
出所：American Housing Surveyをもとに筆者作成。

表7-6 米国住宅の含み益

米国住宅の購入（建築時）価格と現在の価値

年	1997	1999	2001	2003	2005	2007
住宅価値の平均	98,815	108,300	123,830	140,200	165,344	191,471
住宅購入または建築時の価格	57,846	62,823	68,945	76,528	88,481	100,359
含み益	40,969	45,477	54,885	63,672	76,863	91,112

出所：American Housing survey 1997-2007 Table2-20

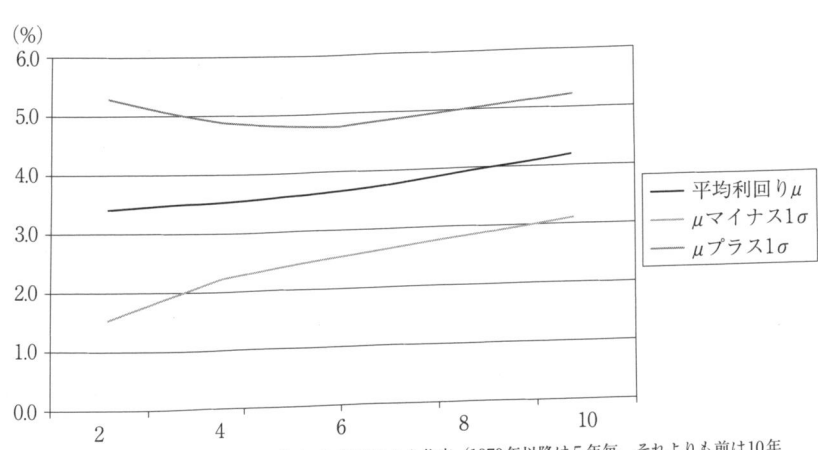

162　第Ⅳ部　日本経済活性化のために

注1：購入物件は1920年から1999年までに建築された住宅（1970年以降は5年毎、それよりも前は10年毎にカテゴライズしている）。
注2：1985年から1995年（2年毎に）を基準年とし、基準年に価格Aで住宅を購入し、t年後（2～22年目）に価格Bで売却した時の利回りrを「A＊exp(rt)=B」より算出。
注3：1985年から1995年（2年毎に）を基準年とした場合、データセットが各所有期間（2～10年）において同じ（69サンプル）になる。

図7-12　米国住宅の所有期間別の利回り
出所：American Housing Surveyをもとに筆者作成。

表7-7　米国の住宅コスト

新築オーナーの住居に係る費用（月額）

年	1997	1999	2001	2003	2005	2007	2009
費用総額	769	833	956	1,049	1,199	1,399	1,451
所得に対する割合（％）	20.0	21.0	22.7	22.9	24.0	25.0	25.0
（参考）年収換算値	46,140	47,600	50,537	54,696	59,950	64,569	66,969

年	1997	1999	2001	2003	2005	2007
主なコスト	849	874	1,052	1,125	1,232	1,426
住宅ローンの元利金	709	734	891	932	1,011	1,178
土地取得に係る税金	85	85	106	134	156	180
住宅のメンテナンス・コスト	25以下	15	25以下	25以下	25以下	25
住宅地管理組合の費用	30	31	30	34	40	43

注：「費用総額」も「主なコスト」もそれぞれの項目の中間値なので両者は一致しない。
　　ただし、「費用総額y」と「主なコストx」は「y = 0.9259x + 135.44 (R² = 0.9892)」の関係にある。
　　ここで「新築」とは当該年を含む4年間に建築した住宅を指す。
　　1997年、2001年、2003年および2005年の「主なコスト」は「住宅メンテナンス・コスト」を25ドルとして計算。
出所：American Housing survey 1997-2007 Table2-13

産の目減りは限定的である)。

このように米国では住宅が投資効率の高い資産として機能し、しかも長野・頼・渡瀬・宇杉(2006)によると「米国の住宅市場では、建物価格がそのまま物件の価格に反映するため、リフォームは重要であると考えられている」上に、「修繕・修理されていれば、住宅の価格は『維持される』というのが基本」となっている[22]。それゆえ、自己保有の住宅価値を維持、または、向上させることを目的に、米国では平均的に月2000円(80円/ドル換算)のコストをかけている(表7-7)。

このようにコストをかけることにより、米国では住宅の資産価値が維持/向上され、既存住宅市場も機能する。なお、このように常に多くの住宅保有者が住宅の資産価値が維持/向上を行っているので、金融機関でも適正な価値評価が可能となり、上述の通り、欧米ではリバース・モーゲジが盛んに行われているのだと考えられる(図7-3)。

2 米国の住宅市場形成

以上のように、現在の米国の住宅は投資効率の良い資産として認知され、実際にも高いリターンを期待されている。しかし、米国の住宅市場が今日のようになったのは、1929年から始まった大恐慌以降のことである。

(1) 大恐慌後の社会問題化した住宅ローンへの米国の対応

歴史的に米国の住宅ローンの基本的な考え方は、住宅そのもの(の所有権)への貸出であるため、返済が滞れば、不動産の所有権が移ることになる。したがって、デフォルトを起こせば、住宅を占有できなくなり、退去を命じられる。その上、住宅ローン債務者が有権を手放し、当該物件を売却した場合、ローンの支払いが残担となる(リコースローン)。ところが1929年に始まる大恐慌下では正義であった問題になった。ところも失くして、なおも債務が残るのはciency law=担保物件競としても、社会的な同意を得ることが難

この対策としてカリフォルニア州

売後の不足額の請求を制限・阻止する法律」が可決成立した。この法律によって、競売後はそれ以上徴求できなくなることから、実質的にノンリコースローンになり、同様の法律が各地に広がって行った[23]。

(2) 既存住宅市場形成に必要な３つの条件

しかし実質であっても、ノンリコースローンを銀行が受け入れるには、少なくとも担保物件である既存住宅に適正な価値が付いている必要がある（つまり、既存住宅市場が機能している必要がある）。もし、適正な価値が付いていなければ、貸倒リスクが高過ぎて、住宅ローンそのものが実施できなくなる。

この点について澁谷（2009）によると「1930年当時、住宅金融機関（貸し手）がアンチ・ディフィシェンシー・ローという法律を受け入れたのは、この制度に対応する絶対条件として『建築三法』（建築基準法、建築士法、建築業法）が整備されていたから」であり、さらに「『住宅地管理組合』（HOA = Home Owners Association）と『住宅所有者』（HO = Home Owner）との間の『環境管理約款』（CC&Rs = Covenants, Conditions and Restrictions）、正しい販売価格を評価する公的な不動産鑑定評価『アプレイザル』の確立が絶対条件」、つまり「ノンリコースに当たり、金融機関にとってはリスクを回避するため、分譲地の資産価値の維持と向上を図るこれらの仕組みの確立が絶対条件であった」としている[24]。以上から、住宅価値が維持され、既存住宅市場を機能させるた……は、①建築三法により基準通りに住宅を建てることできる、②HOAにより……いても基準が守られている／守らせることができる、③不動産鑑定評……準に従って住宅の価値付けができる、という３つの条件が必要であ……る。

(3) 銀行…

とはいえ、バンドリング
……れだけでは…して既存住宅市場が機能する条件が整ったとしても、そ……宅の価値が金融……ノンリコースローンを銀行が受け入れるには、当該住……実際1970年ま……組みが必要である。
……ても、住宅ローンのように長期に及ぶ貸出に

対して、預金を集めて貸出を行う預金取扱金融機関（商業銀行）は健全性の観点からあまり積極的ではなく、英国の住宅組合の流れをくむS&Lや要求払い預金に制約を課されていた相互貯蓄銀行が中心であった。しかしその後、金利環境や金融の自由化に対応できず、S&Lなど住宅ローンを専業に行っていた金融機関の多くが破たん、吸収合併された。そのため、銀行等は、ある程度の（借り手の属性における）基準[25]をクリアーしていれば、当該不動産の所有権（モーゲジ）を住宅金融公社（フレディーマックやファニーメイなど）に売却することができるように制度改革が行われ、モーゲジ証券市場の整備が進められた。

　モーゲジ証券市場の整備とその後のIT技術の向上に加え、銀行においても健全性及び効率化の観点からアンバンドリング化が進んだことから、住宅ローンも大手商業銀行中心に増加するようになった。特に米国では住宅金融公社という準公的な機関が、一定の買取基準に適合していれば、住宅ローンを買い取るので、銀行は安心して貸出することが可能になり、金融面から住宅需要サイドを後押ししたと考えられる。

（4）米国の住宅市場の良いスパイラル

　以上のように米国では、①建築三法、②HOA、③不動産鑑定評価に加え、住宅ローンの証券化（及び実質的なノンリコースローン）及び銀行機能のアンバンドリング化とそれを補完する住宅金融公社という準公的な機関の存在により、図Мのような良いスパイラルが生まれ、既存住宅市場が米国において機能しているものといえる。

　つまり、既存住宅であっても市場で適正に価値付けされ、しかも貸出債権の流動化が可能であれば、購入者としても資金的な手当てに問題が生じにくいため、住宅市場の需要と供給がマッチしやすい。とすると市場価値を高めるためにメンテナンスにコストをかけるインセンティブが生まれる。他方、メンテナンスをしない主体がいると、当該地域の環境悪化が悪化することから、当該地域全体の住宅価格が低下する。それを防ぐためにHOAが存在する[26]。したがって、メンテナンスをすることが常態化するので、既存住宅市場で売却する時点

166　第Ⅳ部　日本経済活性化のために

```
＊住宅ローンは実質         資金的な手当に問題がないので      ＊＊メンテナンスをしない人がい
　的にノンリコース         購入者が現れやすい。              ると、当該地域の資産価値が
　でないといけない                                            低下するので、監視機関（住
　と法で強制してい      既存住宅の                             宅地管理組合（HOA）が存在
　る州が（すべてで      適正価値が明確                         する。
　はないが）ある。        しかも              売却可能なら
                       貸出債権の           「高く売りたい」ので
                       流動化が可能＊        メンテナンスする＊＊

                                                    売却時点の
                                                    耐久性が
                                                    担保されている
          既存住宅の
          適正評価機能が      既存住宅市場が
          社会に存在している   完備されている
```

図7-13　米国の住宅市場の良いスパイラル

の耐久性が担保されることになる。耐久性が担保されていることから、住宅購入希望者も安心して既存住宅を購入することができるので、既存住宅市場が成り立つことになる。

3．日本の既存住宅市場を機能させるために

1　日本では既存住宅市場が機能しない理由

　日本においても中古マンション市場は、①建築基準関係では、構造計算方法が確立し、②住宅の維持管理関係では、マンションには管理組合が存在し、規約もあり、定期的にメンテナンスがなされ、資産価値がある程度担保される。また、③不動産鑑定評価関係では、平成21年に不動産鑑定評価基準が改正され、かなり実践的になっている。さらに④金融システム関係では、マンションに限らないが、日本でも住宅金融支援機構（旧住宅金融公庫）がフラット35等によって資金的なバックアップがなされている。住宅金融支援機構は引き受けた住宅ローン債権を証券化し、機関投資家等が購入するものの、貸倒リスクは商業銀行ではなく、住宅金融支援機構が持つことから、モーゲジ証券市場が機能して

いるといえる。

　以上から、日本においても中古マンションについては、徐々にではあるものの、住宅市場が機能しつつあるといえよう。

　しかし、日本の住宅の半数は木造住宅なので、木造住宅における既存住宅市場が完備されないと、たとえ長期優良住宅制度などで物理的な耐久性が高まったとしても、先でみたように住宅の「寿命」が長くなることは期待できない。逆に木造住宅の既存市場ができ、住宅の構造材としての木材を含む住宅そのものの耐久性・強度等が十分に維持されていることが科学的に証明されれば（または、それを中立性の高い機関等が認証するのであれば）、既存住宅がそのまま流通され、住宅の「寿命」自体も自然に伸びていくことが考えられる[27]。

　ところが現状、木造住宅においては、①（建築基準関係）木造に関しての耐久性評価が確立していない。②（住宅地管理組合関係）マンションとは違い、管理する組合等が存在せず、強制力のある規約を持たない「町内会」程度であるため、定期的にメンテナンスを行わせることはできないことから、資産価値は担保されていない。また、③（不動産鑑定評価関係）一戸建ての場合、不動産市場がそもそも取引事例主義であり、加えて、各人の個性を追求した意匠になっていることから、不動産鑑定評価が市場においてうまく機能していない。

　以上から、木造の一戸建て既存住宅においては、①耐久性評価が確立していない、②必要となるメンテナンスが強制されない、③個人的な嗜好があるため意匠によって価格の幅が大きくなる、などの問題があり、銀行も適正な価値評価ができないため、悪いスパイラル（図7-9）が働き、日本では既存住宅市場が機能しないのだと考えられる。

2 既存住宅市場におけるオルタナティブな資金ルートの活用

　ここまでみてきたように米国では①建築三法、②HOA、③不動産鑑定評価に加え、住宅ローンの証券化（および実質的なノンリコースローン）および銀行機能のアンバンドリング化とそれを補完する住宅金融公社という準公的な機関の存在により良いスパイラルが生まれ、既存住宅市場が機能している。しかし日本においては、木造住宅の建物としての耐久性評価が確立されていない上に、不

動産鑑定においても一戸建て住宅を評価するのが困難であり、加えて米国のHOAのような組織も存在しないことから、特に木造一戸建て住宅の長期で価値を担保するシステムが完備されていない。そのため既存住宅市場が機能せず、不動産の売却に際しては、既存住宅を処分することが多くなることから、住宅の「寿命」が短くなるという悪いスパイラルが生じていることがわかった。

　このような悪いスパイラルを断ち切るためには、米国のような条件（①建築三法、②HOA、③不動産鑑定評価）が整い、その上で金融的な補完が必要である。そこで、建物としての耐久性や地球環境への影響、健康面での安全性などという住宅の性能を総合的に評価する必要がある。この場合、当然に中立性が求められるし、それが一時点の住宅性能を評価するだけであれば、既存住宅の売り手と買い手の情報の非対称性を解消できない。したがって、住宅性能における履歴（住宅履歴）も含めて総合的に評価するとともに、第三者によって認証するシステムが必要になる。また、当該認証システムは既存住宅取引を活性化させることも重要な目的の一つであると考えた場合、既存住宅の価値向上のために行うメンテナンス等を義務付ける、または、メンテナンス等を行った時には高い評価査定を行う等の工夫が必要になろう。加えて、日本には米国のようなHOAが存在しないことから、特に注文住宅の場合、個性的な意匠になりがちであり、住宅購入者の嗜好に合致しないことも多く、日本の既存住宅市場が機能しない大きな要因の一つとなっている。そこで、例えば、意匠・設備に関わる部分（インフィル）については改築可能にしておくなどの工夫をすれば評価基準を高める等の検討をするとともに、構造部分（スケルトン）については多くの住宅購入者の嗜好に合致するようなものにするように評価基準を定めるべきである。しかし、このような認証システムができたとしても、住宅はローンで購入することが多いことから、当該認証が銀行に評価されなければ、実際には既存住宅市場は機能しないことになる。この点は個別の銀行経営に関わる問題だけに、当該認証システムが信用に足るものであると認識されるまでは、当該システムを使った価値評価を行う銀行は多くないと思われる[28]。

　そこで、第6章でも議論したように市場型間接金融等の資金ルートを活用し、例えば、行政的な主体（政府管掌の金融機関等）か、または当該認証システム

に関与しているような主体が、少なくとも既存住宅のスケルトン部分（基礎及び構造部分）について、住宅性能やこれまでの住宅履歴に基づいて一定基準以上であった場合には（価値に見合った妥当な金額で）当該住宅のローン証券を買取る仕組みを取り入れれば、当該認証システムの活用事例が増加することが考えられる。活用事例が増加するにつれ、銀行が当該認証システムを「信用に足るもの」と認識すれば、自然に既存住宅市場が日本でも機能するようになろう。

当該認証システムにおける銀行も含めた制度設計については、今後の課題ではあるが、このようなシステム構築がなされれば、日本においても悪いスパイラルが断たれ、既存住宅市場が機能するはずである。そうすれば、資産総額ベースで資産管理ができることから、家計の金融資産のうちの予備的需要として保有している流動性資産（預貯金）の割合も低下し、社会的なポートフォリオ・リバランスが進むことが考えられる。

【注】
1) 例えば、吉川（2001）など。
2) 例えば、中川・片桐（1999）など。
3) 経済企画庁（1999）。
4) 第3章第6節「新しいリスク負担システムに向けて」引用。
5) 村本（2006）p.90引用。
6) 村本（2006）「（図Ⅰ）日米の金融資産・実物資産（1999年）」（p.91）を引用。
7) その他、米国は日本と違いMarket-oriented-Systemsなので、株式や債券、投資信託といった金融資産の換金性が高いことが考えられる。しかし、この点は90年前半までであれば、日本の金融市場は閉鎖的であり、手数料も極めて高い水準であったが、現在ではネット証券等の発展が目覚ましく、欧米に比べて異なる点はほとんどない。したがって、金融資産の換金性の違いは関係ないであろう。
8) 米国のモーゲジ証券は同償還年限の債券に比べてデュレーションが短いという調査結果もある。例えば、西川（2007）など。
9) 住宅生産団体連合会（2007）p.3引用。
10) 内閣府（2010）では、日本で既存住宅市場が未発達である背景の一つとして「供給側では対象となる住宅ストックそのものの不足や質に関する情報不足」（p.258）を挙げ、50年以前の住宅ストック数に着目し、日本では「住宅の『寿命』ともいうべき滅失住宅の平均築後年数が短い」（p.259）と指摘している。なお同注（33）で「我が国（日本）では、滅失住宅の

平均築後年数は30年にとどまっているが、アメリカでは55年、英国では77年」(p.259、(　)内は筆者加筆)と明記している。
11) 戦後日本の住宅政策については八木 (2006) などを参照のこと。
12) この点に関してJST当PJでは現在、木材の物性に関して化学的及び物理的な実験を行うことで、その耐久性についての検証を行っている。
13) 図7‐7は図7‐8に合わせるため、住宅価格には土地価格を含んでいない。とはいえ、米国の住宅価格についての公式データは土地を含むものしか存在せず、明示的に建物価格と土地価格を分けることができない。しかし、Lincoln Institute of Land Policyでは住宅の建物の再調達価格を推計している。ここではLincoln Institute of Land Policyのデータを利用し、住宅ストックの増減を考慮して、建物価格及び土地価格を筆者が独自に推計している。なお、推計方法としては、当該年に存在するすべての建物の再調達価格に比べて、住宅価格（国富としての住宅）が上昇（下落）した場合、その上昇（下落）分は土地価格に載せる形で推計している。そのため、住宅バブル時（2003～2007年）において土地価格が上昇していることになっている。
14) 住宅生産団体連合会 (2007) p.130引用。
15) クー／佐々木 (2008) p.68引用。なお、住宅生産団体連合会 (2007) では「金融機関の既存住宅における担保評価の低さも築年数主義を定着された要因」(p.130) と指摘している。
16) 住宅生産団体連合会 (2007) p.130参照。なお、不動産評価基準は平成14年に全面的に改正され、その後、平成19年、平成21年にそれぞれ一部改正されている。
17) クー・佐々木 (2008) p.69引用（なお、(　) 内は筆者加筆)。
18) 原野・中川・清水・唐渡 (2009) p.14引用。(　) 内は筆者加筆。なお、原野・中川・清水・唐渡 (2009) では、情報の非対称性が存在すると考えられる日本の既存住宅市場においてのリフォームと住宅価格の関係を分析している。
19) 推計の結果、住宅（その他道府県）需給モデルの需要サイドにおいて、符号条件は問題なく、当面の所得の弾性値、人口増加率のパラメータが有意となっている。また、モデルの説明力も比較的高い値となっている。供給サイドでは、価格の弾性値、建築業人件費の弾性値、外材国内製材の価格の弾性値及び為替レートの弾性値が符号条件に問題なく、有意な値となっているが、国産材国内製材の弾性値の符号条件が合致しない（しかし、有意な値）。なお、住宅（全都道府県）モデルの供給サイドの価格弾性値と比較して、住宅（その他道府県）需給モデルの供給の価格弾性値は低い値となっていることから、その他道府県以外（つまり、大都市圏を含む7都府県）の供給の価格弾性値が高いものと考えられる。供給の価格弾性値が高いということは（大都市圏を含む7都府県においては）低価格で大量販売をしている可能性がある。
20) ここで「所有期間利回り」は以下のようにして算出している。
　　例えば、価格Aで購入し、t年後（2～12年）に価格Bで売却した時、下記の関係が成り立つ。

第 7 章　家計金融資産と住宅市場　171

$A \times e^{rt} = B$ ……（1）

ここで e は自然対数の底。r が所有期間利回り。

（1）式の対数を取って整理すると利回りが計算できる。

$r = (ln(B) - ln(A))／t$

21) 1985年から2007年までのデータであるため、住宅取得（新築だけでなく、既存住宅を市場価格で購入したものを含む）から10年までしか計算できなかった。
22) 長野・頼・渡瀬・宇杉（2006）p.91参照。
23) すべての州で同様の法律が存在しているわけではないので、「米国の住宅ローンすべてがノンリコース」というわけではない。
24) 澁谷（2009）「米国のノンリコースの絶対条件」の項からの引用。
25) 当該ローンの借り手の信用度についての基準。但し、ここでは「所得予見のため」というよりも、属性を細かく分類し、統計的なデフォルト確率を算出するため。
26) 長野・頼・渡瀬・宇杉（2006）によると「コミュニティによる取り決めへの違反については、協定所内に記載されている」（p.109）ため、コミュニティ契約違反者は移住し続けられない。
27) このようにして木造住宅が増加し、国産材の使用が伸びれば、日本の林業・林産業が活性化する可能性があるとともに、日本のLCA（＝Lide Cycle Assessment＝ライフサイクル環境影響評価）の観点からも好ましいことである。しかし現状、日本においては木造住宅であってもその建材として使用されるのは外材が多く、既存住宅市場が完備されても、それだけで「国産木材が使用され、日本の林業・林産業の活性化につながる」とはいえない。日本の林業・林産業を活性化させるためには、木材の需給をマッチされる仲介者（コーディネーター）が必要と考えられる。この点に関しては前田（2011a）、および、前田（2011b）を参照のこと。
28) 認証制度については、現在、筆者も参加し、（社）天然住宅（相根昭典代表、田中優共同代表）、埼玉大学（外岡豊教授）、名古屋大学（福島和彦教授、佐々木康寿教授、山崎真理子准教授等）、早稲田大学（高口洋人教授）、工学院大学（中島裕輔准教授）等と共同で、（独）科学技術振興機構　社会技術研究開発事業「地域に根ざした脱温暖化・環境共生社会」研究開発領域　研究開発プロジェクト「快適な天然素材住宅の生活と脱温暖化を「森と街」の直接連携で実現する」というプロジェクトで実用化に向けて調査・研究を行っている。

第8章 「豊かさ」を実感できる社会のために

1. 政策的介入の必要性

1 政策金融の位置づけ

　第7章でみたように既存住宅市場が機能し、住宅が「資産」として機能するようになれば、日本でも家計の金融資産が多様化することで「豊かさの中の停滞」であっても経済成長をもたらす主体に資金が流れる可能性が生まれる。しかし、日本では、「銀行等がリスクテイクできる領域」と「銀行等がリスクテイクできないことから直接金融ルートが担うべき領域」との間には、第6章でみたように民間の貸金業者（ノンバンク）しか存在しないことから、銀行等で資金提供を受けられない主体は、社会的に排除されかねない状態になっている。この点について以下で考察する。

　そもそもこのような主体を支えるのが政策金融であろうが、「民間部門の自由かつ自発的な活動を最大限引き出す方向での政策金融の抜本的改革が必要である」ということから、平成14年12月13日の経済財政諮問会議で政策金融の改革について議論され、平成19年度末までに「別添1の基準に則って、……、国として政策金融の手法を用いて真に行うべきものを厳選する」ということが決まった[1]。

　ここで別添1の基準を表にまとめたものが図8-1である。

大 ↑ 公益性 ↓ 小	(B) 政策介入の必要性に乏しいと考えられる領域	(A) 政策金融固有の活動領域
	(C) 政策的介入は必要ないと考えられる領域	(D) 政策金融ではなく、民間の金融市場の整備を図る必要があると考えられる領域

小 ←　　金融リスクの評価等の困難性　　→ 大

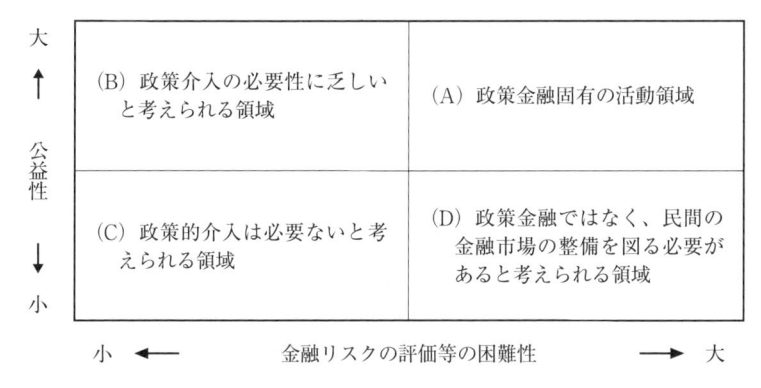

図8-1　債務残高の国際比較（対GDP比）
出所：経済財政諮問会議（平成14年第40回）配布資料を元に筆者作成。

　図8-1の「公益性が大である（つまり、上方向）」とは、①「政府の介入によって明らかに国民経済的な便益が向上する（社会的な便益が社会的な費用を上回るため、政策的助成により「高度な公益性」が発生する）」という状況を意味する。また、「金融リスクの評価等の困難性が大である（つまり、右方向）」とは、②「情報が乏しいこと、あるいは不確実性や危険性が著しく大きいことによって、リスクの適切な評価等が極めて困難なため、民間金融による信用供与が適切に行われない（金融機能面における「リスク評価等の困難性」ゆえに資金不足が生ずる）」という状況を意味する。
　この基準に従えば、下記のようになる。
(A) ①および②が共に該当することから「政策金融固有の活動領域」と判断される。
(B) ①には該当するものの、②には該当しないことから「金融手段による政策介入の必要性は乏しい」と判断される。そのため当該諮問会議では、政策金融と補助金などの他の政策手段と比較し、「コスト最小化の観点から、不断に厳格な検証を行うことが必要」となる領域として位置付けている。
(C) ①および②いずれも該当しないことから「政策的介入は必要ない」と判断される。

(D) ②には該当するものの、①には該当しないことから「金融手段による政策介入の必要性は乏しい」と判断される。そのため当該諮問会議では「むしろ、リスク負担を行う民間の貸手が登場するように、民間の金融市場の整備を図ることが重要」となる領域と位置付けている[2]。

以上から、政策金融が必要な領域は(A)だけということになり、(B)～(D)は、政策的な介入の必要性が乏しいことから「民営化が好ましい」という結論に至っている。

2 私益領域でも政策的な介入が必要な理由

確かにこの中で(C)は、民間が行うべきであり、現状においても銀行等を中心に民間が行っている。しかし、(D)において「金融市場の整備を図る」べきであると明記されているが、現実の日本の金融市場は、例えば、株式市場に見られるように、米国に比べて発展が著しく遅れている[3]。また、現状の日本のクレジット市場は、吉野・藤田(2007)の分析より、株式会社組織の銀行等や協同組織金融機関は、低リスク低リターン(情報生産能力を活かして選別を行うため、結果として、リスクの低い主体に低い貸出金利を提供できる)の部分をカバーし、それよりもリスクが高く、事業性が乏しい主体に対しては、一部政府系金融機関がカバーしているものの、大半がカバーしきれていないことがわかる[4]。このような現実を考慮すれば、図8-1の横軸(②：金融リスクの評価等の困難性)は、「大」「小」だけでなく、その中間的なものも考慮して、3つに分類する方が適切だと思われる。

さらに図8-1の縦軸は、「国民経済的な便益の向上」という意味から「公益性」をとっている。この場合の公共性が「新たな公[5]」とすると「公と私の中間的な領域」を含んでいることになるが、このような領域は地域コミュニティ開発の便益を図るものであり、必ずしも「行政と協働する」とは限らない。そこで「公」の部分全体を「公益」としてしまうよりも、「公の領域」と「公と私の中間的な領域」に分け、後者は「共益」とすべきである。

以上から、図8-1の横軸の程度を3つに区分するとともに、縦軸も「公益」「共益」「私益」に3つに区分したのが図8-2である。

第8章　「豊かさ」を実感できる社会のために　175

　ここで（i）は上述の「新たな公」のような領域であり、第3セクター方式等を利用することにより、ある程度カバーできるものと考えられる。また、（iv）についても「金融リスクの評価等の困難性」が小さいということから、通常は銀行等による資金提供を受けることが可能と考えられる。実際、共益の部門であれば、協同組織金融機関によってカバーされていることから、特段の問題がない領域といえよう。

　問題となる領域としては（ii）（iii）（v）である。まず、「共益」という領域は「私益」の領域とは違い、社会的利益を中心としているため、金銭的・物質的な効用を高めることを目的としていない場合が多いことから、株式会社組織の金融機関は参入しづらい領域といえる。特に（ii）は、地域コミュニティ開発の領域ではあるが、「金融リスクの評価等の困難性」が高く、金融市場の整備がされていないため、協同組織金融機関においてもリスクを転嫁できないことから参入できない領域になっている。また、「金融リスクの評価等の困難性」において中程度の領域というのは、日本において非常に広い範囲に及ぶが、そもそもこの範囲に存在する金融機関というのは、実際には、高い金利を設定している「営

↑公益↓	(B) 政策介入の必要性に乏しいと考えられる領域	(i)	(A) 政策金融固有の活動領域
↑共益↓	(iv)	(iii)	(ii)
↑私益↓	(C) 政策的介入は必要ないと考えられる領域	(v)	(D) 政策金融ではなく、民間の金融市場の整備を図る必要があると考えられる領域

小　←　　　金融リスクの評価等の困難性　　　→　大

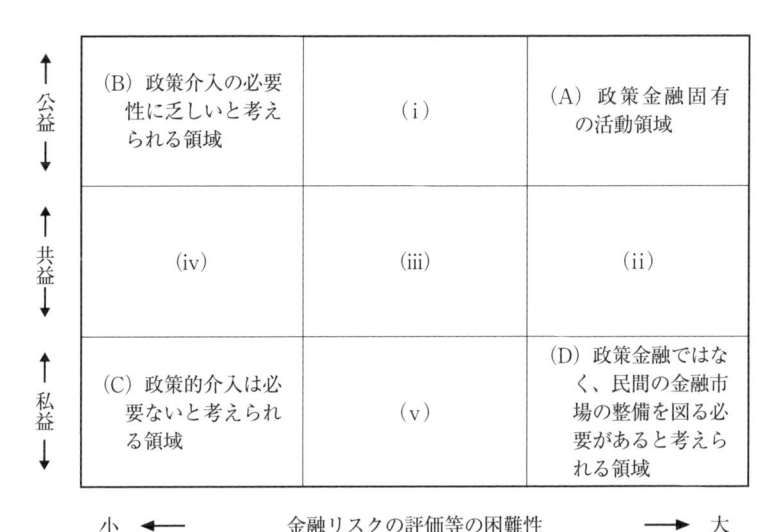

図8-2　地域コミュニティを加えた政策金融の対象分野
出所：経済財政諮問会議（平成14年第40回）配布資料をもとに筆者作成。

利の貸金業者」だけであるという点が問題である。つまり、銀行等が貸出を手控えるようなリスククラスの主体に対しては、高い金利を受け入れる以外に、どこからも資金提供を受けることができないことになる。したがって、(iii) や (v) においても、政策的な介入が必要になると考えられる。

ここで (v) は私益にかかわる領域であり、「政策的介入の必要があるのか」という疑問もあろう。しかし、創業間もない企業や新しい分野への参入を志す企業などの場合、これらが成長することによって、イノベーションが起こるのであり、将来的には社会的な利益として「国民経済的な便益の向上」につながると考えられる。また、所得が不安定な自営業者、多重債務者など一般に貸し手である金融機関がリレーションシップを取ったとしても情報生産に困難が生じるような主体（以下、「金融的弱者」という）の場合、これらの主体が増加することは、治安の問題や地域コミュニティの崩壊等につながるため、社会的な利益を大きく損なわせる要因になる。

さらに現状では、平成不況が長引き、日本では二極化が進んでいる上に、リーマン・ショック以降、失業者が増加しつつある。このような経済状況においては、(v) のような創業者や金融的弱者等への政策的介入も「国民経済的な便益の向上」につながると考えられることから、たとえ私益の領域であっても、政策的な介入をすべき領域が存在すると考えるべきである。

2. 地域コミュニティにおける金融の制度的な位置づけ

1 米国の取り組み

以上のように現在の日本経済では、図8-2の (ii) (iii) (v) の領域に存在する主体に対して資金が非常に流れにくい状態になっていることから、政策的に介入する必要があることがわかった。つまり、(ii) 地域コミュニティに対する開発等に係る資金や (iii) 地域コミュニティの維持、または、(v) 地域コミュニティの崩壊を防ぐために行う金融的弱者への金融支援などの制度的な対策が重要であるということになる。

この点に関して、米国での取り組みが参考になろう。

以下では「平成19年度コミュニティ・ファンド等における先進的取組事業選定及び実施状況調査業務報告書（平成20年3月）」[6]を元にして、米国の政策事例を紹介する[7]。

米国では、1950年代から60年代にかけて都市部の荒廃地域を中心に融資における差別的行動が頻発していた。この問題の是正を図るために多くの立法措置が取られるとともに、そもそも米国では規模の小さい商業銀行が多数存在していたことから、これらの銀行を活用して地域コミュニティへの資金供給を行う仕組みを構築している。ここで地域コミュニティへの資金供給を担う主体のことを「CDFI（Community Development Financial Institution：地域開発金融機関）」というが、地域コミュニティの形態や資金供給の方法などの違いから、大きく6つの類型に分類できる。

図8-3より、①および②は預金取扱金融機関であり、①が「(ii) 地域コミュニティに対する開発等に係る資金を提供している」のに対して、②は「(v) 地域コミュニティの崩壊を防ぐために行う金融的弱者への金融支援」を行っている。③～⑤は独自に資金調達をし、③は「(ii) 地域コミュニティに対する開発等に係る資金や(iii) 地域コミュニティの維持のための資金提供」を行い、④は「(v) 地域コミュニティの崩壊を防ぐために行う金融的弱者への金融支援」を行い、⑤は「(ii) 地域コミュニティに対する開発等に係る資金や(iii) 地域コミュニティの維持のための資金提供」を行っている。なお、⑥は金融的なサービスとしての資金供給のみを行っているわけではないため、類型から外して整理する考え方もあるが、「(ii) 地域コミュニティに対する開発等に係る資金や(iii) 地域コミュニティの維持、または、(v) 地域コミュニティの崩壊を防ぐために行う金融的弱者への金融支援」を行っている。

以上のようにCDFIは図8-2の(ii)(iii)(v)の領域に対して資金を供給することを目的とした組織といえる。とはいえ、CDFI自体に資金が流れる仕組みを作らなければ、地域コミュニティ等へは資金が流れなくなってしまう。そこで、このようなCDFIに対して、米国政府は政策的支援を行っている。主な政策的支援として、CDFIファンド（Community Development Financial Institution

①コミュニティ開発銀行：Community Development Bank
低所得コミュニティの再興のための資金提供を行う金融機関。経済性が優先される営利企業（商業銀行および貯蓄貸付機関など）の形態で社会的な総合金融サービスの提供を行う。スタート時にはある程度の原資が必要であり、必要預金を広く一般から集め、企業や不動産開発業者、個人の住宅資金などに対して貸し出しの形態で資金提供を行う。営利企業・株主・地域代表によって構成される組織などがオーナーシップを有する。
②コミュニティ開発クレジット・ユニオン：Community Development Credit Union
マイノリティである低所得コミュニティに対して金融サービスを提供する。組合員から預金を広く集め、組合員に対して貸し出す金融機関。主に個人である組合員に貸し出しを行うことで、コミュニティの資産や預貯金のオーナーシップを促進させることを意図している。原資は組合員の預金が主だが、一部に社会的投資家や政府の資金も含まれている。
③コミュニティ開発ローン・ファンド：Community Development Loan Fund
社会投資家および財団や基金、機関投資家、個人などから資金を調達し、非営利である地域組織や社会的サービスを供給する主体、スモールビジネスに対して、債券発行や借り入れなどで資金供給する。立ち上げ要件は比較的緩やかである。
④コミュニティ開発ベンチャーファンド：Community Development Venture Capital Fund
財団や基金、機関投資家、政府などから資金を調達し、急速な成長が見込める衰退地域において、雇用の創造が見込める中小規模の事業に対して出資の形態で資金を供給する。低所得層および低所得コミュニティに対する資金提供が主。営利企業・非営利企業・地域組織の代表者などがオーナーシップを有する。
⑤零細企業開発ローン・ファンド：Micro enterprise Development Loan Fund
従来の金融サービスを利用できない零細事業や自営業者・起業家を対象に、ローンや技術支援を通じて、社会開発事業促進を支援する。原資は財団等の基金や政府による。
⑥コミュニティ開発企業：Community Development Corporations
インナーシティの衰退や住宅補助政策の縮小を背景に、都市内の衰退しつつある地域など低所得者が多い特定の地域を対象に、コミュニティの再生及び地域経済の活性化を目的として住宅供給、商工業開発、雇用開発などさまざまな事業を住民参加により進める機関。

図8-3　CDFIの分類

Fund：地域開発金融機関基金）と、CRA（Community Reinvestment Act：地域社会再投資法）がある。

　まず、CDFIファンドとは、米国財務省が管轄する基金で、融資・補助・出資などの形態で、認定された各CDFIに資金支援を行うファンド[8]である。つまり、財政資金（公的資金）を使ってCDFIを支援するための政策といえる。他

方、CRAとは1977年に制定された法律であり、地域内で集めて調達した資金は「当該地域に再投資するために使用されるべきである」という考え方に基づいている[9]。したがって、経済的に活性化していないために事業収益率が低い地域であっても、その地域で集めた資金は、原則、その地域に再投資することを要請されることになる。

とはいえ、「要請するだけ」では効果は上がらないことから、CRAの趣旨に基づき監督官庁が、金融機関（特に銀行）がどのようにその地域の資金ニーズに応えているかについて、常に監視し、その結果を基に当該地域への貢献度合いをランク付け（レーティング）をしている。これは、金融機関が当該地域内において施設等を拡大させるための申請などを行う際に、それまでの当該地域における貢献度合い（監督官庁が公表するレーティング）が重要な要件となることを意味している。このことから、金融機関が当該地域内で営業活動を行うためには、その地域で調達した資金を、たとえ金銭的、または物質的な利益が低くても、当該地域に再投資することを優先しなければならないことになる。このような仕組みになっているので、金融機関が集めた預金を当該地域の資金ニーズを無視して、グローバル展開のために使用することはできないようになっている。つまり、CRAは、民間資金の非営利金融部門に対して資金の還流を促すための政策であるといえる。

2 米国と日本の地域コミュニティ金融についての相違

以上のように米国では、地域コミュニティに対して円滑に資金を流すために、CDFIという組織を利用するとともに、米国政府が政策的に介入することで、当該組織に効率的に資金が流れ込む仕組みを構築していることがわかる。

日本においても協同組織金融機関が存在しているのであり、これらを活用するとともに、CDFIファンドやCRAなどの政府による政策的な介入を行うことで、地域コミュニティへの資金供給がスムーズに行われる可能性もある。しかし、協同組織金融機関も預金取扱金融機関である以上、預金をリスクに晒すことは許されないので、当然、自己資本規制等の銀行規制を受けることになり、自ずと単に「資金の媒介（＝貸金業など）」を行う主体よりも厳しい規制が課せられ

るのは致し方ないことといえよう。実際、米国でも「③コミュニティ開発ローン・ファンド」「④コミュニティ開発ベンチャーファンド」「⑤零細企業開発ローン・ファンド」は、預金取扱金融機関ではなく、財団や基金、機関投資家、政府などから資金を調達した資金により、地域コミュニティへ資金を供給している。

　そのような意味で言えば、市民が独自に設立した「株式会社自然エネルギーファンド」[10]や日本各地に設立されている「NPOバンク」[11]などは、まさに、預金取扱金融機関ではない、地域コミュニティのための資金供給の組織であることから、「日本版CDFI」と考えることが可能である。

　しかし、日本ではこのような団体に対して、金融商品取引法上の問題点や組織形態についての問題などがあり、地域コミュニティへ広がらない状態になっている。金融商品取引法上の問題点とは、市民金融であっても配当を出すようなファンドである場合、法律上、そのような証券は「集団投資スキーム持ち分」とされ、業者登録が必要とされている。その登録の際のハードルが高いため、志があったとしても、参入することは難しい状態になっている。また、組織形態としての問題点としては、例えばNPOバンクは貸金業であるため、有限責任である法人格を取得することが望ましいが、非営利で行うとなると事業型の法人と同じ困難があり、法人により設立するのは難しいと言わざるを得ない。したがって、組合形態で考えることになるが、そうした場合、資金の調達という意味では投資事業有限責任組合（LPS）が優れている。特に、出資における責任において、責任者たるジェネラルパートナー以外はすべて出資の範囲での有限責任であり、組合としてのデメリットの一つがクリアーされている（ジェネラルパートナーは無限責任である）。しかし、LPSは会計監査が必須になっているため、公認会計士による監査を受けなければならない。この監査は通常多額の費用がかかるので、その費用分を金利に乗せるとなった場合には、低利貸出しが難しくなる。そのため、現行法上では民法上の任意組合による設立となってしまう場合が多い。任意組合であることが問題というわけではないが、ガバナンスにおいても、資金管理においても確固とした形があるわけではなく、信用の面で問題になるため、当該組合自身の資金調達が難しい状態になる可能性があるという問題が考えられる。

3．日本の地域コミュニティ金融のあり方

　このように日本では、市民風車プロジェクトやNPOバンクのような「日本版CDFI」が存在するものの、制度的な問題から、積極的に設立すること自体が困難になっていることがわかる。そのため、地域コミュニティへの資金供給については協同組織金融機関のみが担っているが、協同組織金融機関といえども、預金取扱金融機関である限り、金融的弱者への資金提供は難しいのが現状である。また、信用秩序の維持の観点からも、そのような機関に全面的に金融的弱者への資金提供を委ねるわけにはいかないことから、米国のようなCDFIファンドやCRAなどの政府による政策的な介入を行ったとしても、日本の場合には、地域コミュニティに資金が行き届かないことが考えられる。

　そのような中にあって、市民が中心になって設立する「日本版CDFI」は、制度的な問題が解消されたとしても、スキル的な面や人材確保などの問題があるので、一朝一夕に各地で設立されるようなものではなく、また、公的な機関で代替できるものでもないことから、「日本版CDFI」の設立に関する制度的な障害を取り除き、市民が自由に設立できるような制度設計を急ぐべきであろう。

　そして、その上で、または、それと同時に米国のようなCDFIファンドやCRAなどの政府による政策的な介入を推し進めることにより、地域コミュニティに対する資金供給がスムーズに行われる基盤ができるものと考えている。

【注】

1）「経済財政諮問会議（平成14年第40回）議事次第」http://www.keizai-shimon.go.jp/minutes/2002/1213/agenda.htmlより。

2）以上のような方針に基づき、政策金融改革が行われ、2008年10月には日本政策投資銀行等を株式会社化し、当初の計画では、今後5から7年の間に「完全民営化」を達成する予定であった。

　しかし、2008年9月15日に発生したアメリカの大手投資銀行リーマン・ブラザーズの経営破綻（いわゆる「リーマン・ショック」）により、当該政策金融機関等を活用した危機対策を政府自ら打ち出したことから、当初の計画は崩れ、しかも、政策金融機関等の「完全民営化」の撤回も考えざるを得ない事態になってきている。そういう意味では、小泉純一郎政権による「構造改革」の一環で行われた「政策金融改革」というものが、現在、岐路に立って

いると考えることができよう。
3）この点に関しては第6章でみた。
4）吉野・藤田（2007）p.238を参照。
5）国土交通省『「新たな公」の考え方を基軸とする地域づくりのシステム』で「新たな公」とは「従来、主として行政が担ってきた地域づくりについて、①行政だけでなく、多様な民間主体を地域づくりの担い手としてとらえ、②これら多様な民間主体と行政の協働によって、③従来の公の領域に加え、公と私の中間的な領域にその活動を拡げることできめ細かなサービスを提供する」という概念として定義されている。http://www.kokudokeikaku.go.jp/share/doc_pdf/3187.pdfより。
6）環境省「コミュニティ・ファンド等を活用した環境保全活動促進事業」http://www.env.go.jp/policy/community_fund/index.html より
7）この事例研究については、市民がつくる政策調査会「コミュニティ・バンクに係る政策・制度設計調査委員会報告－地域コミュニティ再生のための非営利金融機能の提案－」を参考にするとともに、一部抜粋したものである。
8）このファンドの業務としては以下の通りである。
  ・CDFIプログラム：Community Development Financial Institutions Program
    CDFI基金によって認定されたCDFIに対して、Financial Assistance（財政的支援）と、Technical Assistance (技術的支援)を行う。
  ・NMTCプログラム：New Markets Tax Credits Program
    2000年に新たに付け加えられたプログラムで、CDFI基金が認定したCommunity Development Entities（CDEs）と呼ばれるコミュニティ開発主体に対して投資を行った場合、一定金額の税額控除を認める制度である。CDEsとは、低所得のコミュニティに対して、社会的投資を行う組織を指す。
  ・バンク・エンタープライズ・アワード・プログラム：Bank Enterprise Awards Program
    1994年に作られた制度で、コミュニティの経済的発展やコミュニティへの金融サービスを進める一般の金融機関を対象に表彰を行う。
9）CRAはその後、1995年のクリントン政権下において改正された。改正のポイントは、地域開発を主目的とする機関に対する投融資を、地域開発に資する活動とした点である。この改正により、金融機関の地域貢献を査定する制度として活用されるようになった。
10）2003年設立。市民が参加する自然エネルギーの普及を全国的に推し進めることを目的としている。事業内容は、各地の市民風車プロジェクトに係る匿名組合出資の募集や運営管理など。株式会社という形態を取っているが、いくつかのNPO法人が全額出資した有限責任中間法人を介して設立されている。
11）NPOバンクとは、市民等から受けた「配当を行なわない出資金」を原資にして、非営利事業や個人に低利で融資をする市民金融で、近年、日本各地で設立の動きがあり、2012年6月現在、12団体が存在している（全国NPOバンク連絡会報告書 2011年度より）。

参考文献

Allen Franklin and Gale Douglas, Comparing Financial Systems, The MIT Press, 2001

C.ボルザガ／J.ドゥフルニ編、内山哲朗・石塚秀雄・柳沢敏勝訳『社会的企業―雇用・福祉のEUサードセクター―』日本経済評論社、2004

E・ビクター・モーガン著、小竹豊治訳『改訂増補　貨幣金融史』慶應通信、1990

Franklin Allen and Douglas Gale (2000) "Comparing Financial Systems", The MIT Press

Franklin Allen and Douglas Gale (2001), "Comparing Financial Systems", The MIT Press Canbridge, Massachusetts London, England

http://www.chusho.meti.go.jp/koukai/chousa/chushoKigyouZentai9wari.pdf

http://www.env.go.jp/policy/community_fund/index.html

http://www.keizai-shimon.go.jp/minutes/2002/1213/agenda.html

http://www.kokudokeikaku.go.jp/share/doc_pdf/3187.pdf

John.A.C.Hetheringtopn原著／石川卓磨訳『アメリカの協同組合と相互会社』成文堂、1996

J.G. ガーレイ／E.S. ショウ　桜井欣一訳『貨幣と金融（改訂版）』至誠堂、1967

J.E. スティグリッツ／B. グリーンワルド著、内藤純一／家森信善訳『新しい金融論』東京大学出版、2003

R.W.Goldsmith (1975) "Financial Intermediaries in the American economy since 1900", ARNO PRESS

J・G・ガーレイ／E・S・ショウ　桜井欣一訳『貨幣と金融（改訂版）』至誠堂、1967

OECD (2011) "Economic Outlook"

OECD "OECD Economic Outlook No.60" OECD、1995

OECD "OECD Economic Outlook No.82" OECD、2008

OECD『Economic Outlook 91』2011

P．F．ドラッカー著／上田惇生訳『非営利組織の経営』ダイヤモンド社、2007

R.W.Goldsmith (1975) "Financial Intermediaries in the American economy since 1900", ARNO PRESS

The Department of Housing and Urban Development "American Housing Survey", 1985-2007

U.S. Department of Commerce "International Economic Accounts" Bureau of Economic Analysis

足立正道・大澤真「中堅・中小企業ファイナンス市場の現状と課題」、日本銀行依金融市場局『金融市場局ワーキングペーパーシリーズ　2000‐J‐10』、2000

アダム・スミス著／水田洋訳『道徳感情論』岩波文庫、2003

阿部圭司「第10章　コミュニティ・ビジネスのためのファンディング・システム」、高崎経済

大学付属産業研究所『事業創造論の構築』日本経済評論社、2006
池尾和人／池田信夫『なぜ世界は不況に陥ったのか』日経BP社、2009
池尾和人・岩佐代市・黒田晃生・古川顕『金融［新版］』有斐閣Sシリーズ、1993
池尾和人『市場型間接金融の経済分析』日本評論社、2006
石川達哉「改革の時を迎える日本の住宅市場」『ニッセイ基礎研 REPORT（2005.6）』、2005
磯部喜一『協同組合 増訂版』春秋社、1965
岩井克人『会社はだれのものか』平凡社、2005
岩田規久男『金融入門 新版』岩波新書、1999
宇沢弘文『社会的共通資本』岩波新書、2000
大村敬一／浅子和美／池尾和人／須田美矢子『経済学とファイナンス 第2版』東洋経済新報社、2004
岡部光明『環境変化と日本の金融』日本評論社、1999b
岡部光明『現代金融の基礎理論』日本評論社、1999a
小川一夫・北坂真一『資産市場と景気変動』日本経済新聞社、1998
小佐野広『コーポレートガバナンスの経済学』日本経済新聞社、2001
小原敬士『ヴェブレン 企業の理論』勁草書房、1965
鎌倉治子「金融システム安定化のための公的資金注入の経緯と現状」『調査と情報 第477号』国立国会図書館、2005
唐木宏一「第9章 地域に対する社会的な金融」、谷本寛治編著『SRIと新しい企業・金融』東洋経済新報社、2007
神吉正三「協同組織金融機関の「地区」に関する考察」『RIETI Policy Discussion Paper Series 06-P-001』、2006
環境省「コミュニティ・ファンド等を活用した環境保全活動促進事業」
菊池道男・前田拓生「金融機関における剰余金の配分に関する考察」『中央学院大学商経論叢 第22巻第1号』中央学院大学商経論叢編集委員会、2007
金融審議会金融分科会第二部会『地域密着型金融の取組みについての評価と今後の対応について』（平成19年4月5日）、2007
金融審議会金融分科会第二部会リレーションシップバンキングのあり方に関するWG『リレーションシップバンキングの機能強化に向けて』平成15年3月27日）、2003
忽那憲治『中小企業金融とベンチャー・ファイナンス』東洋経済新報社、1997
経済企画庁『平成11年度 年次経済報告』、1999
経済財政諮問会議（平成14年第40回）議事次第
経済産業省『通商白書 2011』2011
ケインズ著／間宮陽介訳『雇用、利子および貨幣の一般理論（上）（下）』岩波文庫
国土交通省『「新たな公」の考え方を基軸とする地域づくりのシステム』
小林慶一郎／加藤創太『日本経済の罠』日本経済新聞社、2001

参考文献

小峰隆夫・岡田恵子「第3部第4章　不良債権問題への対応」『「バブル／デフレ期の日本経済と経済政策」について』内閣府経済社会総合研究所、2011
近藤康男『新版　協同組合の理論』御茶の水書房、1962
齊藤誠『先を見よ、今を生きよ』日本評論社、2002
財務省財務総合政策研究所研究部「わが国法人の組織形態とガバナンス―非営利法人を中心に―」『PRI Discussion Paper Series（No.04A - 13）』、2004
財務省HP「国債金利情報ページ」
佐伯啓思『貨幣　欲望　資本主義』新書館、2008
佐伯啓思『経済成長の終焉―資本主義の限界と「豊かさ」の再定義―』ダイヤモンド社、2003
櫻川昌哉「金融監督政策の変遷：1992 - 2005」『フィナンシャル・レビュー　October―2006』財務省財務総合政策研究所、2006
産業構造審議会産業資金部会産業金融小委員会報告書（1999年6月）
塩野谷祐一・中山伊知郎・東畑精一訳『シュムペータ　経済発展の理論（上）（下）』岩波文庫、1977
澁谷征教「日本の住宅ローンはなぜノンリコースにならなかったのか（日米住宅漂流記）」『日経ビジネスオンライン』日経BP、2009、http://business.nikkeibp.co.jp/article/tech/20090120/183217/
清水克俊・堀内昭義『インセンティブの経済学』有斐閣、2003
市民がつくる政策調査会「コミュニティ・バンクに係る政策・制度設計調査委員会報告―地域コミュニティ再生のための非営利金融機能の提案―」
社団法人　住宅生産団体連合会『住宅の長寿化に関する海外調査及び検討業務報告書』、2007年3月
社団法人全国貸金業協会連合会『貸金業白書（平成18年版）』（平成19年1月）、2007
ジョセフ・E・スティグリッツ／鈴木主税『世界を不幸にしたグローバリズムの正体』徳間書店、2002
白井厚『協同組合論集』慶應通信、1991
全国NPOバンク連絡会『全国NPOバンク連絡会報告書　2011年度』、2011
全国銀行協会『やさしい銀行のよみ方　Part2―くわしくわかる銀行のディスクロージャー』
総務省「国勢調査報告」
総務省『住宅・土地統計調査』平成10年、平成15年、平成20年
総務省「平成21年全国消費実態調査」
高橋伸彰『グローバル化と日本の課題』岩波書店、2005
高橋伸彰『優しい経済学』ちくま新書、2003
滝川好夫『リレーションシップ・バンキングの経済分析』税務経理協会、2007
滝川好夫『入門　新しい金融論』日本評論社、2002
武内哲夫・生田靖『協同組合の理論と歴史』ミネルヴァ書房、1976

田中夏子『イタリア社会的経済の地域展開』日本経済評論社、2004

中小企業庁「日本の中小企業」

中小企業庁『2007年版中小企業白書』、2007

塚本一郎（2007）「第1章　福祉国家再編と労働党政権のパートナーシップ政策」『イギリス非営利セクターの挑戦』ミネルヴァ書房、2007

堂目卓生『アダム・スミス―『道徳感情論』と『国富論』の世界―』中公新書、2008

内閣府『経済財政白書（平成22年版）』、2010

内閣府「国民生活に関する世論調査」(http://www8.cao.go.jp/survey/index-ko.html)

中川忍・片桐智子『日本の家計の金融資産選択行動』日本銀行調査統計局、1999

中川雄一郎・柳沢敏勝・内山哲朗『非営利・協同システムの展開』日本経済評論社、2008

長野幸司・頼あゆみ・渡瀬友博・宇杉大介「住宅の資産価値に関する研究」『国土交通政策研究　第65号』（2006年3月）、国土交通省国土交通政策研究所、2006

奈良県庁『平成15年住宅・土地統計調査結果の概要（奈良県）』

西川奉仕「米国モーゲージ債の特徴とリスクリターン特性」「視点　2007年3月号」三菱UFJ信託銀行、2007

西村吉正『金融行政の敗因』文春新書、1999

日本銀行金融研究所「「組織形態と法に関する研究会」報告書」『金融研究第22巻第4号』、2003

日本銀行『資金循環の日米欧比較』、2012

日本銀行『資金循環の日米比較』2009年4Q、2006年4Q、2003年4Q

日本銀行信用機構局「海外における協同組織金融機関の現状」『日本銀行調査季報　2004年秋（10月）』、2004

日本銀行調査統計局『欧米所得の資金循環統計』（2000年11月）、2000

日本銀行調査統計局『資金循環統計（2006年第4四半期速報）：参考図表』、2006a

日本銀行調査統計局『資金循環の日米比較：2006年4Q』、2006b

日本銀行調査統計局『資金循環の日米比較：2007年1Q』、2006b

日本経済新聞2009年11月15日付朝刊

日本証券業協会『外務員必携1』、平成21年版

日本証券業協会（平成21年版）『外務員必携1』

日本事業者金融協会『会員営業実態調査』（平成17年10月）、2005

日本事業者金融協会『事業者向け金融業の実態』（平成14年6月）、2002

蓮井明博「金融の健全性と公的規制・監督」日本銀行金融研究所『金融研究』第5巻第2号、1986

長谷川勉『協同組織金融の形成と動態』日本経済評論社、2000

浜田文雅・鴨池治『金融論の基礎』有斐閣、1992

早川英男「金融仲介の経済理論について」日本銀行金融研究所『金融研究』第7巻第1号、

1988

原司郎『現代金融論』日本経済評論社、1976

原司郎『地域金融と制度改革』東洋経済新報社、1990

原司郎／酒井泰弘『生活経済学入門』東洋経済新報社、1997

原野啓・中川雅之・清水千弘・唐渡広志「情報の非対称性下における住宅価格とリフォーム」『CSIS年報』No.94、東京大学空間情報科学研究センター、2009

日高晋『経済学 改訂版』岩波全書、1988

平石裕一『市場経済化の協同金融』地域産業研究所、1997

廣住亮「協同組織金融機関のコーポレート・ガバナンスに関する一考察」『信金中金月報 2004.3増刊号』、2004

深尾光洋『金融不況の実証分析』日本経済新聞社、2000

藤田勉・野崎浩成『バーゼルⅢは日本の金融機関をどう支えるか』日本経済新聞出版、2011

藤野次雄「信用金庫の規模と範囲の経済学」、『貯蓄経済理論研究会 年報 第18巻』貯蓄経済研究所、2003

ブルーノ S. フライ／アロイス・スタッツァー著／佐和隆光（訳）『幸福の政治経済学』ダイヤモンド社、2005

堀内昭義『金融システムの未来』岩波新書、1998

堀雅博・木滝秀彰「金融機関の健全性と地域経済—都道府県別データによる検証—」内閣府『ESRI Discussion Paper N0.38』、2003

マイケル・J・ピオリ／チャールズ・F・セーブル著／山之内靖／永易浩一／石田あつみ（訳）『第二の産業分水嶺』筑摩書房、1993

前田栄治・吉田孝太郎「資本効率を巡る問題について」『日本銀行調査月報』日本銀行調査月報10月号、1999

前田拓生「事業型非営利法人の事業スキーム組成上の問題点と非営利協同組合型ノンバンクの必要性についての考察」『高崎経済大学論集』第51巻第1号、2008

前田拓生「社会的共通資本としての人工林と社会的企業の必要性」『高崎経済大学論集』第53巻 第4号、2011a

前田拓生「生活経済学からみた事業型非営利法人についての考察」『茨城大学人文学部紀要（社会科学論集）第46号』茨城大学人文学部、2008

前田拓生「地域経済のための金融」『高崎経済大学論集 第50巻第1・2合併号』高崎経済大学経済学会、2007

前田拓生「日本における木材の需給ギャップについての考察」『高崎経済大学論集』第54巻第1号、2011b

前田拓生「日本の住宅と国産木材の需給構造についての計量経済分析」『高崎経済大学論集 第55巻第4号』、2013

水田洋訳『道徳感情論（上）』岩波文庫、2003

宮崎義一『複合不況』中公新書、1992
宮崎義一訳「わが孫たちの経済的可能性」『ケインズ全書　第9巻』東洋経済新報社、1981
三輪昌男『協同組合の基礎理論』時潮社、1969
村本孜「個人の資産活用のイノベーション―リバース・モーゲジの活用による資産の活性化―」『社会イノベーション研究』第2巻第1号、成城大学、2006
村本孜『リレーションシップ・バンキングと金融システム』東洋経済新報社、2005
村本孜『制度改革とリテール金融』有斐閣、1994
諸富徹『環境』岩波書店、2003
八木寿明「転換期にある住宅政策」『レファレンス（660号）』2006.1
藪下史郎『貨幣金融制度と経済発展』有斐閣、2001
藪下史郎、武士俣友生『中小企業金融入門』東洋経済新報社、2002
山口浩平「第5章　社会的企業」『イギリス非営利セクターの挑戦』ミネルヴァ書房、2007
山下邦男「金融システムと金融構造」、原司郎編『テキストブック金融論』有斐閣ブックス、1980
吉川卓也「危険資産に対する日本の家計の金融資産選択行動」『金融ビッグバンにおける個人の金融資産選択行動』第4章、個人金融に関する研究会報告書（郵便貯金振興会貯蓄経済研究室）、2001
吉野直行・藤田康範編『中小企業金融と金融環境の変化』慶応義塾大学出版、2007
吉野直行・藤田康範編著『中小企業金融と金融環境の変化』慶応義塾大学出版、2007
リチャード・クー／佐々木雅也「なぜ日本は豊かになれないのか」『知的資産創造（2008年10月号）』野村総合研究所、2008
流通市場研究会『流通市場研究会の検討の中間とりまとめ　―既存住宅中心とする不動産流通市場の活性化に資する制度インフラ構築に向けて―』国土交通省総合政策局不動産業課、2008
レスターM. サラモン著／山内直人訳『ＮＰＯ最前線』岩波書店、1999

索　引

《A～Z》

anti-deficiency law ……………………163
Bank-oriented-Systems ………………136
BIS（Bank of International Settlements）
　……………………………………………97
CDFI（Community Development
　Financial Institution：地域開発金融
　機関）…………………………139, 177, 183
CDFIファンド（Community Development
　Financial Institution Fund：地域開発
　金融機関基金）………………………177
Community Reinvestment Act（CRA）
　………………………………139, 179, 181, 182
IMF ………………………………………6, 35
Lemon（不良品）………………………155
LPS ………………………………………180
Market-oriented-Systems ………………169
M＆Aバンカー ………………………137
NASDAQ ………………………………142
NPOバンク …………………139, 180, 181, 182
OTC Bulletin Board ……………………141
Peach（適切な品質なもの）…………155
PINK SHEET …………………………142

《あ行》

アダム・スミス ………………………140
アベノミクス ……………………………1, 7
新たな公 …………………………174, 175, 182
安全性資産 …………………………68, 132, 146
アンチ・ディフィシェンシー・ロー ……164
アンバンドリング（化）…136, 164, 165, 167
アンビシャス・セントレックス・
　Qボード ………………………………142
異時点間取引 ………22, 44, 46, 47, 49, 57, 134
委託売買業務（ブローカー）…………67

一般的交換手段機能 ………………20, 21
一般的受領性 …16, 17, 19, 26, 30, 31, 33, 41
一般物価 ……………………19, 38, 41, 97
イノベーション …129, 130, 131, 133, 136, 176
鋳物貨幣の代替物 ……………………30
イングランド銀行 ……32, 33, 34, 35, 36, 41
インターバンク市場
　………………………77, 78, 79, 86, 89, 96, 103
インフィル ……………………………168
ヴェブレン ……………………………130, 141
売りオペレーション ……………85, 88, 96
運転資金融通 ………………………135, 143
営利企業の原則 ………………………125
エージェンシーコスト ………………134
エクイティーファイナンス ………104, 114
円キャリートレード ……………120, 122, 140
追い貸し ……………………105, 106, 107, 108
オープンマーケット・オペレーション ……78

《か行》

買いオペ（レーション）
　……………………………78, 80, 86, 89, 90, 139
外貨準備 …………………………………4
改正預金保険法 ………………………110, 111
貸倒リスク ………………………119, 164, 166
貸倒 ……………………………………92, 93, 97
貸し剥がし ……………………………115, 120
可処分所得 ……………………24, 27, 46, 100
価値尺度機能 ……………………………20, 21
価値保蔵機能 ……………………………20, 21
ガバナンス ……………………………180
株式会社組織 …………………133, 136, 174, 175
株式会社組織金融機関 ………………135
株式市場 ……………………………109, 131, 174
貨幣ヴェール観 …………………………81

貨幣価値 …… 28, 37, 38, 127, 128, 129, 130
貨幣乗数アプローチ……………… 81, 85, 87
貨幣乗数 ………………………………… 80, 85
貨幣代用物……………………………………… 36
貨幣的交換 ……………………………………127
貨幣の機能……………………… 10, 14, 20, 128
貨幣の代用物 ……………………………… 30, 31
貨幣の取扱業者 ………………………… 29, 32
貨幣の流通速度………………………………… 97
貨幣を創造する主体…………………………… 32
為替レート…………… 37, 38, 39, 40, 42, 170
環境管理約款（CC&Rs＝Covenants,
　Conditions and Restrictions）……… 164
監視コスト……………………………………… 49
間接金融ルート…………… 50, 52, 55, 67, 68
期間変換機能……………………… 62, 66, 67, 101
企業者利潤 ……………………………………130
企業者 ………………………… 130, 131, 133, 141
基軸産業 ……………………………… 101, 102, 103
既存債務の優先返済 ………………………… 106
既存住宅市場 … 149, 153, 154, 155, 157, 163,
　164, 165, 166, 167, 168, 169, 170, 171, 172
規模の経済性 …………………………………133
逆選択…………………………… 58, 59, 60, 70, 91
キャッシュ・リッチ …………………………120
共益 ……………………………………… 174, 175
協同組織金融機関 … 133, 135, 136, 139, 142,
　174, 175, 179, 181
漁業協同組合 …………………………………102
ギリシャ危機 …………………………………3, 6
銀行学派………………………………………… 41
銀行券………………………… 33, 34, 35, 36, 41
銀行振替……………………………………… 63, 72
金本位制 …………………………………… 28, 34
金融監督庁 ……………………………………111
金融緩和策……………………………………… 94
金融緩和政策…………………… 86, 87, 89, 117, 120
金融緩和……………………………………… 1, 90

金融機関 …… 4, 7, 27, 46, 48, 50, 52, 53, 55,
　67, 68, 70, 76, 77, 78, 79, 96, 97, 102, 109,
　110, 111, 118, 120, 132, 133, 134, 139, 155,
　163, 164, 165, 168, 170, 175, 176, 179, 182
金融恐慌………………………………………… 32
金融再生法開示債権 ………………………… 112
金融再生法 …………………………… 111, 112, 117
金融資産の多様化
　（ダイバーシフケイション）……………… 131
金融資産 ……… 22, 23, 24, 26, 27, 44, 65, 68,
　100, 114, 128, 129, 130, 131, 132, 137, 141,
　146, 148, 156, 157, 169, 172
金融システム …… 88, 93, 94, 101, 104, 111,
　116, 117, 120, 135, 136, 143, 166
金融商品取引法……………………………… 68, 180
金融政策決定会合……………………………… 96
金融仲介機関…………………… 55, 64, 68, 136
金融庁 ………… 93, 97, 111, 115, 118, 119, 139
金融的弱者 …………………………… 176, 177, 181
金融流通 ………………………………………135
グリーンシート ………………………………142
クレジットビュー ………………………… 90, 94
経営効率 ………………………………………133
経営資源 ……………………………… 119, 133
経営の健全性 ……………………… 119, 120, 136
景気変動 ………………………………… 120, 130
経済財政諮問会議 ……………………… 172, 181
経済的問題……………… 125, 126, 129, 130, 140
経常赤字 ………………………………………122
ケインズ …… 81, 96, 125, 127, 128, 129, 140
決済通貨 …………………………………… 34, 64
現金通貨 ……………… 63, 66, 70, 71, 72, 73, 80
現金預金比率…………………………………… 91
交換比率 … 13, 14, 15, 16, 18, 21, 26, 27, 37
公共の利益 …………………………………… 142
構造部分（スケルトン）…………………… 168
公的資金注入 …………………………… 107, 109, 110
高度経済成長 ……………………………… 104, 152

索　引　191

購買力平価説……………………37, 38, 40
効用水準………………………………23, 46
ゴールドスミス…………28, 29, 30, 31, 32
ゴールドスミス・バンカー
　　　　…………28, 29, 32, 35, 40, 57, 66
ゴールドスミス・バンク……………………72
ゴールドスミスの受取書……29, 30, 31, 32
コールマネー（負債）………………………77
コールレート…………77, 78, 80, 86, 88, 96
コールローン（資産）………………………77
顧客情報………………………………………51
国債決済振替制度……………………………68
国際収支………………………34, 35, 122, 124
国際通貨基金…………………………………35
国債の大量発行…………………………104, 114
国際復興開発銀行……………………………35
国内総生産（GDP）………………………106
護送船団方式…………………………………111
固定為替レート制……………………………35
古典派経済学…………………………………96
コミュニティ………………16, 26, 135, 171
コミュニティ開発クレジット・ユニオン：
　Community Development Credit
　　Union …………………………………178
コミュニティ開発ベンチャーファンド：
　Community Development Venture
　　Capital Fund …………………………178
コミュニティ開発ローン・ファンド：
　Community Development Loan
　　Fund ……………………………………178
コミュニティ開発企業：Community
　Development Corporations …………178
コミュニティ開発銀行：Community
　Development Bank ……………………178
コモディティ市場…………………………124

《さ行》

債権債務の関係………………………………63

最終的貸し手……50, 51, 52, 53, 55, 57, 131
最終的借り手……50, 51, 52, 55, 56, 66, 71
債務超過………………………………93, 107, 108
先送り……………………………………107, 128
サブプライムローン（問題）…124, 140, 143
残余財産………………………………………95
シカゴ通貨先物市場………………………120
資金決済………………………………………62
資金調達………29, 31, 32, 46, 47, 49, 50, 51,
　52, 56, 59, 67, 104, 114, 119, 131, 177, 180
資金の取り手…………………………………77
資金の媒介…………………………………135, 179
資金不足主体…………………………25, 46, 47, 48, 50
資金余剰主体…………24, 25, 46, 47, 48, 50, 67
シグナル………………………………………59, 70
自己資本………………………88, 90, 93, 110, 119
自己資本規制比率……………………………73, 119
自己資本規制………………………………135, 179
自己資本比率規制……………………………97, 118
自己資本比率………………………………97, 119, 135
自己売買業務（ディーラー）………………67
資産の分散化………………………………104
資産配分（アセットアロケーション）……55
資産変換機能………………………52, 53, 55, 68
市場型間接金融……………………136, 137, 143, 168
市場＝貨幣的交換モデル…………………128, 129
市場金利………39, 42, 84, 85, 86, 87, 88, 97
市場＝物財交換モデル……………127, 128, 129
市場流通残高…………………………………31
質屋金融………………………………………70
市民金融…………………………………180, 182
社会的資産………………………………149, 155
社会的なポートフォリオ・リバランス…169
借用証書………23, 24, 44, 45, 46, 48, 55, 67
ジャパンプレミアム……………………110, 119
囚人のジレンマ……………………………142
住宅価値……………………153, 154, 163, 164
住宅金融公社…………………………165, 167

住宅建設五箇年計画 ……………………152
住宅所有者（HO = Home Owner）……164
住宅地管理組合（HOA = Home Owners
　　Association）………………………164
住宅ローン…140, 163, 164, 165, 166, 167, 171
集団投資スキーム持ち分 ………………180
シュムペータ ………………130, 131, 133
準通貨………………………………………64
商業銀行 …101, 114, 135, 136, 165, 166, 177
商業資金金融流通 …………………135, 143
証券外務員 ……………………………51, 68
証券決済制度………………………………68
証券仲介機関 …………………………52, 68
証券保管振替機構…………………………68
少子高齢化 …………………………………4
譲渡自由性…………………………………30
消費支出 …………………………24, 27, 46
消費貸借契約………………………………64
消費者物価 …………………………118, 125
情報の非対称性 …55, 57, 58, 59, 61, 62, 70,
　　91, 94, 104, 106, 134, 142, 155, 168, 170
情報優位者…………………………………57
情報劣位者…………………………………57
剰余価値 ……………………………129, 130
所有期間利回り ……………159, 170, 171
人縁・地縁のネットワーク ……………142
審査コスト ……………………………49, 134
新築価格 …………………………………159
信用制約 ……………………………106, 115
信用金庫 ………102, 103, 114, 118, 133, 139
信用組合 ……………………………102, 118
信用情報 ……………………………133, 134
信用創造メカニズム …70, 85, 86, 88, 89, 93
信用創造 ……………76, 80, 81, 96, 135, 136
信用秩序維持 ……………………………109
信用秩序の維持 ………119, 120, 139, 181
信用割当………………………60, 61, 62, 103
スクラップアンドビルド ……………152, 157

スケールメリット（規模の経済性）……104
スターリング・ポンド……………………28
ステークホルダー ………………………142
スミソニアン体制…………………………35
生活の豊かさ ……………………………126
政策金融 ……………………172, 173, 174, 181
政策的介入 …………………172, 173, 176
政府債務残高 ………………………2, 3, 4
絶対的な必要 ………………125, 126, 127, 140
設備資金金融流通 …………………135, 136, 143
ゼロ金利政策 ………………………117, 118
潜在的購買力………………24, 25, 26, 126
相対価格 ……………………………13, 14
相対的な必要 ………………126, 127, 128
相対的な物価水準…………………………38
総量規制 …………………………………115
即時的購買力 ……21, 22, 23, 24, 25, 26, 28,
　　36, 44, 46, 57, 71, 82, 127
底溜り………………31, 66, 67, 90, 91, 101
ソフト・バジェット問題 ………………142
ソフト情報 …………62, 91, 103, 134, 135

《た行》

対外純資産 …………………………………6, 7
耐久年数 ……………………………153, 155
兌換紙幣……………………………………34
他国通貨建て………………………………42
短資会社 ………………………………77, 96
タンス預金…………………………………66
担保主義 …………………………………107
担保 …60, 70, 90, 91, 104, 105, 114, 115, 155
地域金融機関 ……………105, 133, 134, 139
地域コミュニティ ………176, 177, 179, 180,
　　181, 182
地域コミュニティ開発 ……………174, 175
地域社会再投資法 ………………………178
地域密着型金融 …………………………133
地球環境……………………………149, 168

索 引　193

築年数主義 ……………………155, 170
地方銀行 ……………………………102
中央銀行 ……6, 32, 33, 35, 38, 41, 85, 120
中古車市場（レモン市場）……………70
中古マンション市場 ………………166
中小企業金融…………………69, 133, 134
中小零細企業 ………………102, 133, 142
長期信用銀行 ………………101, 111, 114
調査コスト ……………………………49
長寿命住宅 …………………………149
直接金融ルート ……………50, 52, 56, 172
貯蓄推奨政策 ………………………101
通貨学派 …………………………33, 41
通貨価値…………………34, 35, 38, 39, 40, 122
通貨供給量 ……………………………64
通貨性資産 …………………65, 69, 114
通貨論争 ………………………………33
定期性預金 …………………………64, 66
定期積金 ………………………………64
定期預金…………………56, 64, 69, 87, 88
定常経済 ……………………………130
ディスクロージャー ………………61, 111
適合性の原則 …………………………50
デット・オーバーハング ……106, 108, 115
デフォルト ……………………95, 163, 171
デフレ（ーション）…………………2, 117
転換社債 ……………………………114
投機性資金 …………………124, 125, 129
投機的（貨幣）需要…………82, 83, 84
投機的動機 ……………………………82
当座勘定 …………………………36, 41
当座預金勘定 …………………………44
投資事業有限責任組合（LPS）………180
投資信託 ………52, 53, 57, 68, 132, 148, 169
都市銀行 ……………………………101
土地神話 ……………………104, 105, 114
富の蓄積 ……………125, 126, 127, 128, 129
取り付け騒ぎ ………………………110

取付け ……………………………33, 93
取引（的）需要 ……………………81, 84
取引的動機 ……………………………81
トレーサビリティ …………………140

《な行》

ニクソン・ショック …………………35
日銀勘定 ………………………………90
日銀当座預金 ………63, 70, 72, 73, 74, 75,
　76, 77, 80, 86, 89, 90, 91, 94, 97, 117, 120
日銀ネット ……………63, 66, 67, 70, 71, 72
日本銀行 ……6, 7, 11, 69, 70, 72, 78, 79, 80,
　81, 89, 95, 96
日本のギリシャ化 …………………5, 7
日本版CDFI …………………………180, 181
ネーム（name）……………………104
農業協同組合 ………………………102
ノンバンク ……………………132, 143, 172
ノンリコースローン ………………164, 165

《は行》

バーゼルⅡ ……………………………97
バーゼルⅢ ……………………………97
ハイパワードマネー
　……………………80, 85, 87, 88, 94, 96, 97
波及経路 ……………………38, 90, 94
派生預金 ………………………………76
発券機能 …………………………72, 80
発行市場 ……………………………50, 68
パブリック・バリュー ……………138
バブル ……89, 104, 105, 106, 107, 114, 170
バブルの生成 ………………………105
パワービルダー ……………………157
ピール条例 ……………………32, 33, 41
引受業務（アンダーライター）………68
必要預金準備率 ……………………91
一人当たりGDP ……………………125, 126
評価損 ………………………………105

標準理論……………………………87
ファイナンシャル・アクセレレーター
　　……………………………106, 107
不換紙幣 ……………………34, 35
普通預金……………………56, 64, 69
物々交換社会 ……11, 13, 14, 16, 17, 18, 26
不動産鑑定評価『アプレイザル』………164
不動産融資総量規制 ……………………105
部分準備制度………………………76
プライベート・バリュー ……………138
フラット35 ……………………………166
不良債権処理 ……………………107, 118
不良債権のペナルティ ………106, 107, 115
不良債権比率……………………115, 118
不良債権問題………………110, 114, 115
ブレトン・ウッズ協定………………34
か分散投資効果………………………53
分散投資……………………53, 54, 55
平均築後年数 ……………150, 152, 169, 170
閉鎖経済 ……………………46, 67
ベースマネー…………………………96
ヘッジファンド ……………………121
ヘラクレス・マザーズ ………………142
ポートフォリオ・リバランス効果…118, 139
ポートフォリオ効果 ………53, 55, 114
ホールドアップ問題 ………………142
募集／売出し業務（ディストリビューター
　またはセリング）………………68
本位貨幣 ……………………28, 33
本源的証券 ……………50, 52, 55, 67

《ま行》

マネーストック ………64, 80, 85, 86, 87, 88,
　89, 90, 93, 94, 97
マネービュー　87, 88, 89, 90, 91, 93, 94, 117
マネタリーベース ………………96, 97
民法上の任意組合 ………………180
無限責任 ……………………………180

無限等比数列……………………………96
無担保コール翌日物……………77, 117
無担保コール翌日物レート……………96
目利き………………………136, 137, 138
メンテナンス …154, 155, 165, 166, 167, 168
モニタリング ……………60, 91, 102, 134
モラルハザード ………………58, 59, 61, 91

《や行》

有価証券……………………52, 53, 68, 78
有限責任原則……………………………95
融資審査 ……………………………105, 136
豊かさの中の停滞 ………130, 133, 136, 172
要求払預金………………………36, 135
預金者 ……36, 55, 56, 64, 66, 69, 81, 93, 97,
　110, 142
預金準備 ……………73, 77, 80, 90, 91, 94
預金準備額……………………………93
預金準備率操作 ……………………96, 97
預金準備率………………81, 89, 90, 96, 97
預金取扱機関………………………55, 69, 96
預金取扱金融機関 ………36, 133, 135, 136,
　165, 177, 179, 180, 181
欲望の実現可能性 ……………………128
予想収益率 ……………………………53, 130
予備的需要 ………………………81, 84, 169
予備的動機…………………………81, 148, 157

《ら行》

ライフサイクル ………………55, 68, 171
リーマン・ショック
　………1, 97, 122, 124, 125, 159, 176, 181
リコースローン ………………………163
リスククラス …………………………137, 176
リスクテイク ………………131, 132, 137, 172
リスク管理債権 ………………………112
リスク軽減効果………………………53
リスク資産 …………………132, 146, 147

■著者略歴

前田　拓生（まえだ　たくお）

1963年大阪生まれ
和歌山大学経済学部卒
証券会社入社後、金融法人営業等を経て、経済調査部にて外国為替および欧州経済調査担当。のち海外経済調査統括。
その間、原司郎教授（横浜市立大学名誉教授）に師事し、金融機関経営論専攻。修士（経営学）を取得。引き続き博士後期課程へ（単位取得満期退学）。
証券会社退社後、独立。金融経済などの研究調査を委託執筆、および大学等にて金融論、証券経済学、計量経済学等の講義を担当。
専門領域：地域金融論、証券経済論、計量経済学、環境経済学

現職：埼玉大学経済学部研究員（兼早稲田大学理工学研究所客員研究員）
　　　その他、高崎経済大学経済学部、高崎商科大学大学院、中央学院大学商学部、茨城大学人文学部にて教鞭を執る。
学会：日本金融学会、生活経済学会、日本建築学会
社会的活動：天然住宅バンク理事

主な著書：『銀行システムの仕組みと理論』（2008年、単著、大学教育出版）、『おカネが変われば世界が変わる』（2008年、共著、コモンズ）、『ソーシャルキャピタル論の探究』（2011年、共著、日本経済評論社）など。

成熟経済下における日本金融のあり方
―― 豊かさを実感できる社会のために ――

2013年4月30日　初版第1刷発行
2016年1月20日　初版第2刷発行

■著　　者 ── 前田拓生
■発 行 者 ── 佐藤　守
■発 行 所 ── 株式会社 大学教育出版
　　　　　　　〒700-0953　岡山市南区西市855-4
　　　　　　　電話 (086)244-1268(代)　FAX (086)246-0294
■印刷製本 ── モリモト印刷(株)
■装　　丁 ── クリエイティブ・コンセプト

© Takuo Maeda 2013, Printed in Japan
検印省略　　落丁・乱丁本はお取り替えいたします。
無断で本書の一部または全部を複写・複製することは禁じられています。

ISBN978-4-86429-201-6